Yr Eglwys Gadeiriol o'r gogledd-orllewin a'r Afon Alun.
Cathedral from north-east and the River Alun.
Côté nord-est de la Cathédrale et la rivière Alun.
Kathedrale vom Nordost und der Alun Fluss.

EGLWYS GADEIRIOL TYDDEWI 1181–1981
ST. DAVIDS CATHEDRAL
La Cathédrale de St. Davids
St. Davids Kathedrale

Wyn Evans, Roger Worsley

Cyfieithwyd gan Huw I. James, B.A.
Traduit par Pascale Villain
Übersetzt von Kathleen Tite, B.A.

GWASG YR ORIEL FACH 1981
YR ORIEL FACH PRESS 1981

Published in 1981 to commemorate the 800th Anniversary of St. Davids Cathedral.

Evans, J. Wyn
Eglwys Gadeiriol Tyddewi 1181-1981
= St. Davids Cathedral, 1181-1981
1. St. Davids Cathedral—History
I. Title
942.9'62   NA5494.S3

ISBN 0 905421 02 7

© Yr Oriel Fach Press, St. Davids 1981

Set in Photolitho and Printed in Wales by the Cambrian News Ltd., Queen Street, Aberystwyth, Dyfed, Wales.

Piae ac bonae memoriae Petri Ordinis Cluniacensis monachi Menevensis Episcopi qui hoc aedificium primo construxit.

1 Yr Eglwys Gadeiriol o'r De-Orllewin.
Cathedral from South-West.
Côté sud-ouest de la cathédrale
Kathedrale vom Südwesten.

Llythyr oddi wrth Esgob Tyddewi
A letter from the Bishop of St. Davids

Mae dyled Esgobaeth Tyddewi i'r Parchedig Wyn Evans yn enfawr ac ymysg y swyddi a ddelir ganddo yr un efallai sy'n rhoi mwyaf o foddhad iddo yw bod yn archifydd yr Esgobaeth. Mae ganddo felly gymhwyster arbennig ar gyfer y gwaith yma, a defnyddiodd ei ddoniau a'i hyfforddiant fel hynafiaethydd er lles yr Esgobaeth a'r Eglwys Gadeiriol. Y tro yma yr Eglwys Gadeiriol sydd yn hawlio ei sylw a'i astudiaeth a chyda chymorth darluniau gwych gan Mr. Roger Worsley mae'n agor ein llygaid i weld ei gogoniant a'i harddwch. Mae awdur y llyfr wedi byw yn Nhyddewi ac wedi dod i garu'r lle ac ar yr un pryd wedi astudio'r Gadeirlan gyda'r manylder sy'n nodweddiadol ohono. Yn amlwg mae'r gyfrol yma yn gyfraniad teilwng i weithgareddau dathlu wyth canmlwyddiant yr adeiladu gan Peter de Leia a gobeithio y bydd i'r fenter a'r weledigaeth sydd tu ôl iddi gael y gefnogaeth y mae yn ei haeddu.

I am delighted to be invited to commend this latest publication about the Cathedral which has been written by one of the clergy of the Diocese. When the Reverend Wyn Evans went to St. Davids as a Minor Canon he found himself in a situation where his training in archaeology would have ample scope and at the same time he developed a great love for the Cathedral. Those years at the Cathedral were formative years which have enabled him to acquire a knowledge of the Cathedral and its surroundings which is unsurpassed.

The Eighth Centenary celebrations have already given Mr. Evans an opportunity to share his knowledge with us on television and radio and now in this very imaginative work he succeeds in supplementing our knowledge of the Cathedral with some magnificent photography by Mr. Roger Worsley.

The diligent research and the very real scholarship of the author and the enterprise of Mr. Christopher Taylor deserve to be supported and I hope that this venture will prove to be an outstanding success.

+ Eric Tyddewi

Cydnabyddiaeth

Hoffwn fynegi fy niolch i'm hawdur, Wyn Evans ac i'm ffotograffydd, Roger Worsley; y cyfieithwyr Huw I. James, Kathleen Tite, Pascale Villain, a hefyd y rhai a gynorthwyodd gyda theipio'r testun, Sian Evans a Mrs. M. Hughes.

Yr ydym yn ddiolchgar iawn i Ddeon, Y Gwir Barch Lawrence Bowen a Chabidwl Eglwys Gadeiriol Tyddewi; staff yr Eglwys Gadeiriol, yn enwedig y Parch. Michael Rees, Is Ganon, Y Byrllysgydd Mr. Bill Morris a'i gynorthwywr Mr. Tony Pearce sydd ill dau yn gwneud cymaint i gadw'r Eglwys a'r tir o gwmpas yn berffaith daclus bob amser; Mrs. M. K. L. Dahne, Llyfrgellydd Mygedol yr Eglwys a'i chynorthwywraig, Miss Vania Howell; Mr. Vivian Martin, Capten y Clychau, Syr Nicholas Jackson, Organydd a Meistr y Côr, a Mr. Martin Caroe, Pensaer i'r Eglwys.

Hoffem hefyd ddiolch i Gyfeillion Eglwys Gadeiriol Tyddewi a'u Hysgrifennydd Mygedol Mr. R. Driver; Y Canon Bertie Lewis, Mr. Harry Marriot a Mr. Roddy Williams am eu hanogaeth ynghyd â'u cynghorion a'u sylwadau arbennig o werthfawr.

Yr ydym yn ddiolchgar i'r mudiadau a ganlyn: Llyfrgell Genedlaethol Cymru, Amgueddfa Genedlaethol Cymru, y Llyfrgell Brydeinig, Llyfrgell Bodleian, Cymdeithas Hynafiaethol Caerfyrddin, Amgueddfa Caerfyrddin, Swyddfa Cofnodion Sir Gaerfyrddin, Coleg Corpus Christi, Caergrawnt, Y Weinyddiaeth Amddiffyn (Adran y Llynges), Swyddfa Cofnodion Sir Benfro, Amgueddfa Penfro a Chyfeillion Amgueddfeydd Penfro; Swyddfa Cofnodion Cyhoeddus, Gwasg Rampart, Comisiwn Brenhinol Henebion yng Nghymru yn enwedig Mr. Peter Smith a Mr. Tony Parkinson, Bwrdd Cyllid Esgobaeth Tyddewi, Cyngor Celfyddydau Cymru.

Y mae'r unigolion a ganlyn wedi ein cynorthwyo mewn gwahanol ffyrdd: Miss Elisabeth Beazley (Mrs. Walters), Mr. Ralph Best, Mrs. Shirley Daniels, Mr. D. W. James, Y Gwir Barch T. E. Jenkins, Mr. Wynne Jones, Mr. J. M. Lewis, Mr. Gerallt Nash, Mr. Iain O'h Annaidh, Mrs. Megan Valla, Parch. D. Williams, Yr Athro Glanmor Williams, a'r Hybarch C. Witton-Davies.

Cawsom gynghorion a chymorth arbennig o werthfawr gan Mr. Alun Creunant Davies a Staff y Cyngor Llyfrau Cymraeg a hefyd gymorth ariannol hael oddi wrth: Llyfrgell Eglwys Gadeiriol Tyddewi, Cyngor Cymuned Tyddewi, Cynulliadau Tyddewi, a Chymdeithas Celfyddydau Gorllewin Cymru. Yr ydym yn dra ddiolchgar i bawb a fynegodd ffydd ynom drwy danysgrifio ymlaen llaw tuag at gost y cyhoeddiad hwn.

Hoffwn ddiolch i Mr. E. R. Evans a'i holl staff yn y Cambrian News, Aberystwyth am ymgymryd â'r gwaith hwn a'i gyflawni mor effeithiol ar gyn lleied o rybudd. Yr wyf yn ddiolchgar tu hwnt i Mrs. Betty Green am ei hamynedd mawr a'i thrylwyredd ysgrifenyddol. Yn olaf, fy niolch i'm mam Mrs. Joan Taylor ac i'm gwraig am eu holl gymorth mewn llawer modd.

Christopher Taylor,
Yr Oriel Fach,
Tyddewi.

Mehefin 1981.

Acknowledgements

I should like to express my thanks to my author, Wyn Evans and to my photographer, Roger Worsley; the translators Huw I. James, Kathleen Tite, Pascale Villain, and those who have helped to type the texts, Sian Evans and Mrs. M. Hughes.

We are grateful to the Dean, The Very Revd. Lawrence Bowen, and Chapter of St. Davids Cathedral; the staff of the Cathedral, especially the Revd. Michael Rees, Minor Canon, the Verger, Mr. Bill Morris, and his assistant Mr. Tony Pearce, who both do so much to keep the Cathedral and its grounds immaculate at all times; Mrs. M. K. L. Dahne, Hon. Cathedral Librarian, and her assistant Miss Vania Howell; Mr. Vivian Martin, Captain of the the Bells; Sir Nicholas Jackson, Organist and Master of the Choristers, and Mr. Martin Caroe, Architect to the Cathedral.

We should also like to thank the Friends of St. Davids Cathedral and their Hon. Secretary, Mr. R. Driver; Canon Bertie Lewis, Mr. Harry Marriot and Mr. Roddy Williams for their encouragement, most useful advice and comments.

We are grateful to the following organisations: The National Library of Wales, the National Museum of Wales, the British Library, the Bodleian Library, the Carmarthen Antiquarian Society, the Carmarthen Museum, the Carmarthenshire Record Office, Corpus Christi College, Cambridge, the Ministry of Defence (Navy Department), the Pembrokeshire Record Office, the Pembrokeshire Museums and the Friends of the Pembrokeshire Museums, the Public Record Office, the Rampart Press, the Royal Commission on Ancient and Historical Monuments in Wales especially Mr. Peter Smith and Mr. Tony Parkinson, the St. Davids Diocesan Board of Finance, the Welsh Arts Council.

The following individuals have helped us in various ways: Miss Elisabeth Beazley (Mrs. Walters), Mr. Ralph Best, Mrs. Shirley Daniels, Mr. D. W. James, Very Revd. T. E. Jenkins, Mr. Wyn Jones, Mr. J. M. Lewis, Mr. Gerallt Nash, Mr. Iain O'h Annaidh, Mrs. Megan Valla, Revd. D. Williams, Professor Glanmor Williams and The Ven. C. Witton-Davies.

We have received most useful advice and help from Mr. Creunant Davies and the staff of the Welsh Books Council, and also generous financial assistance from: St. Davids Cathedral Library, St. Davids Community Council, St. Davids Assemblies, and the West Wales Association for the Arts. We are grateful to all those who showed faith in us by subscribing in advance towards the cost of this publication.

I should like to thank Mr. E. R. Evans and all his staff at the Cambrian News, Aberystwyth, for undertaking and executing this project so very efficiently and at such very short notice. I am exceedingly grateful to Mrs. Betty Green for all her patience and secretarial expertise. Finally my thanks to my mother Mrs. Joan Taylor and to my wife for all their assistance in many ways.

Christopher Taylor,
Yr Oriel Fach,
St. Davids.

June 1981.

Rhagair

"Nid oes diben ar wneuthur llyfrau lawer." Byddai achwyniad Llyfr y Pregethwr yn sicr o fod yn wir yn achos Eglwys Gadeiriol Tyddewi; a dyma un arall i'w ychwanegu at y lleng. Dros y canrifoedd denodd yr Eglwys Gadeiriol sylw lawer o awduron: yr oedd rhai ohonynt megis Giraldus Cambrensis a Richard Fenton yn gyfarwydd iawn â'r safle a'r ardal; ymwelwyr yn galw heibio fel petai ydoedd eraill fel Robson ac eraill wedyn megis Browne Willis heb ymweld â'r lle o gwbl. Yr oedd rhai awduron fel Yardley yn ymddiddori'n bennaf ym mywgraffiadau'r Esgobion, y Deoniaid a'r Canoniaid a fu'n gysylltiedig â'r Eglwys yn hytrach nag yn yr adeilad ei hun, tra bu eraill â chymaint diddordeb ym manylder pensaernïol a chyflwr yr adeilad ag yn ei hanes; pobl felly ydoedd Jones a Freeman. Yng ngwaith yr awdur anhysbys o'r 16eg ganrif a ymgorfforwyd yn llyfr Brown Willis adroddir sut y daeth traddodiad cynharach y pererindota i ben tra bod cyhoeddiadau diweddar fel llawlyfrau Twr-y-Felin a Pitkin yn adlewyrchu twf Tyddewi fel canolfan dwristaidd. Y mae'r holl weithiau hyn, mewn gwirionedd, yn adlewyrchu i raddau helaeth gonsyrn a ffasiwn eu hoes a thra y byddai un yn galw am adfer yr adeilad byddai un arall yn poeni ynghylch denu ymwelwyr i'r lle. Boed y sbardun y tu ôl i gyhoeddi'r llyfrau hyn yn deillio o swyn hen adfeilion wedi eu gorchuddio â iorwg neu ynteu o'r ffaith fod yr Eglwys yn addoldy ac yn ganolfan bererindota, yr oedd gan bob awdur ddiddordeb yn Nhyddewi a chariad tuag at y lle a byddent oll yn treiddio i ysbryd ac etifeddiaeth y gorffennol.

Nid yw'r llyfr hwn yn eithriad. Yn ein ffordd ein hunain yr ydym yn awr yn ceisio dathlu wythcanmlwyddiant y Gadeirlan drwy bwysleisio'r manylder coeth a welir yn yr adeiladwaith yn ogystal â thynnu sylw at yr agweddau mwy cyffredinol sy'n nodweddi arddull bensaernïol Eglwys Gadeiriol Tyddewi. Yr ydym, yn naturiol, wedi manteisio ar waith ein rhagflaenwyr enwog a hefyd ar ysgolheictod mwy diweddar. Cynigir y llyfr hwn fel ein cyfraniad ni tuag at ddathlu wyth can mlynedd o oroesi buddugoliaethus ac anrhydeddus yn hanes yr Eglwys Gadeiriol hynafol hon.

Preface

"Of making many books there is no end." Ecclesiastes' complaint would certainly appear to be true in the case of St. Davids Cathedral; and here is another to join the throng. Over the centuries of its existence the Cathedral has attracted the attention of many commentators: some have known the site and the area intimately like Giraldus Cambrensis or Richard Fenton; others like Robson have been passing visitors; others again like Browne Willis never actually visited the site. Some authors like Yardley were more concerned with the biographies of the Bishops, Deans and Canons who have been associated with the Cathedral than with the building itself, while others have been as interested in the structural detail and state of the building as with its history; such were Jones and Freeman. The anonymous sixteenth century author whose work was utilised by Brown Willis tells of the end of the earlier tradition of pilgrimage, while modern publications such as the Twr-y-Felin and Pitkin guides reflect the growth of St. Davids as a tourist centre. Indeed all of these works reflected to a large degree the concerns and fashions of their age, and where one would call for the restoration of the building, another would be concerned with attracting visitors to it. Whether it was a fascination for ivy-covered ruins or for a functioning place of worship and centre of pilgrimage that was the stimulation for publishing, each writer had a love for and interest in St. Davids, and each entered into the spirit and heritage of the past.

This book is no different. In our way we now seek to celebrate the eight hundredth anniversary of the building by emphasising and drawing attention as much to the minute and exquisite detail to be seen everywhere in the building as to the massive and more obvious manifestations of architectural style which are illustrated by St. Davids Cathedral. Naturally we have drawn on the work of our distinguished predecessors and more recent scholarships as well. This book is offered as our contribution to the celebration of eight hundred years of triumphant survival of this ancient and venerable Cathedral.

Introduction

Dans sa simplicité et majesté, cet édifice, dont les huit centenaires seront célébrés en 1981 est une garniture sanctuaire appropriée pour le Saint du Pays-de-Galles. Construit de pierres mauves et gris-vertes extraites localement, ceci nous rappelle la tradition que c'était sur les proches falaises, où il y a maintenant la chapelle St. Non, que St. David était né. La rivière continue de couler à travers la vallée marécageuse Alun (vallis Rosina), et l'on pense qu'un monastère fut construit au sixième siècle où la cathédrale est maintenant située. Le plafond de la nef, traditionnellement considéré d'être en chêne irlandais nous rappelle que la renommée de la sainteté de St. David n'était pas confinée dans ce coin du Pays-de-Galles, lequel est maintenant re-culé, mais dans son temps fut sur la route principale entre la terre ferme et la mer entre l'Irlande et le continent. Parmi les toutes premières références de St. David, il y en a une dans le martyrologe du huitième siècle, compilée par la communauté de Tallaght en Irlande, laquelle s'efforça de restorer ces modèles d'austérité lesquels caractérisaient la vie monastique que David professait; ils ont gardé ce jour de fête pour David de *cille muni* (la cellule de Menevia) au 1er mars. C'est ce mot irlandais 'muni' lequel signifie 'un buisson' ou 'un frein' qui donna à St. Davids le nom par lequel il était normalement connu dans la période médiévale — Menevia, gallois Mynyw; le nom gallois Tyddewi (maison, monastère de David) est comparativement de récente origine.

Ce fut dans ce monastère, que David, connu comme 'Aquaticus' l'homme de l'eau', sans doute à cause de son ascétisme, mourut après une vie de grande austérité et de grande sainteté. Mort le mardi 1er mars, l'année est inconnue; le jour et la date ne coïncident pas ni en 588, ni en 601, dates tradition-nelles. Une tradition ascète continua à St. Davids, du moins jusqu' au temps de l'évêque Morgeneu (mort en 999). Sa mort, dans les mains des envahis-seurs vikings fut regardée comme un jugement pour avoir mangé de la viande, il était le premier évêque à faire cela.

Au cours des centenaires le monastère de St. David fut connu pour ses études aussi bien que pour sa nature austère. Ce fut d'ici que le roi Alfred appella Asser (mort en 909) pour l'aider dans ses efforts à restorer les études en Wessex. La Chroni-que Latine était gardée à St. Davids et soutenait Brut y Tywysogion et les annales de Cambria. De ces trois versions de ce dernier, une fut écrite à St. Davids, après 1288: elle est l'unique survivant de la bibliothèque de la cathédrale médiévale, elle fait aussi principale autorité en ce qui concerne les dates des étapes diverses dans l'histoire de la construction de la cathédrale actuelle. Des articles racontant la vie de St. David étaient de-même préservés dans son monastère; ce fut d'après et avec l'aide de ces derniers que Rhigyfarch (mort en 1099), fils de

Die Einleitung

In seiner Schlichtheit und Majestät ist das Gebäude, dessen achthundertjähriges Jubiläum 1981 gefeiert wird, ein passender Schrein für den Schutzheiligen von Wales. Der in der Umgebung abgehaute purpur und grau-grune Stein, woraus es gebaut wurde, geht auf die Tradition zurück, dass der Heilige David an der naheliegenden Küste geboren wurde und zwar auf der Stelle, wo die Kapelle der heiligen Non jetzt steht.

Der Alun Fluss fliesst heute noch durch das sumpfige Tal (Vallis Rosina) wo David im 6. Jahrhundert am Platz der heutigen Kathedrale ein Kloster gegründet haben soll. Die Decke des Haupt-schiffs, der Tradition nach aus irischem Eichenholz, erinnert uns daran, dass der Ruhm von Davids Heiligkeit nicht nur auf diese auch heute noch ferne Ecke von Wales begrenzt wurde, sondern lag zu der Zeit auf einer wichtigen Landes-und Meeresroute zwischen Irland und dem Kontinent.

Einer der frühesten Hinweise auf St. David's kommt aus einem im 8. Jahrhundert von der Gemeinde von Tallacht in Irland zusammengestell-ten Märtyrbuch. Dieses Buch versuchte jene Ent-haltsamkeitsstandarde zurückzubringen, die Davids Klosterleben kennzeichneten. Dieses irische Wort, muni, ein Busch oder Dickicht, gab St. David's den Namen wobei es im Mittelalter gewöhnlich bekannt wurde—Menevia, im Walisisch Mynyw. Der walisi-sche Name, Tyddewi (Davids Haus/Kloster) ist ziemlich neu enstanden. In diesem Kloster, nach einem Leben grosser Strenge und Heiligkeit, ist David, Aquaticus, der Wassermann, wie er wegen seiner Askese genannt wurde, gestorben. Es war an einem Dienstag, dem 1. Marz, in einem unbekann-ten Jahr. Weder im Jahre 588, noch 601, den traditionellen Jahren, fielen Tag und Datum so zusammen. Eine asketische Tradition ging, wenig-stens bis zum Zeitalter des Bischofs Morgenaus (gest. 909), in St. David's weiter. Er war der erste Bischof, der Fleisch ass und sein Tod von den Händen der Vikinger galt als ein Urteil dafür.

Im Lauf der Jahrhunderte wurde das Kloster des heiligen Davids wegen seiner Gelehrsamkeit und Askese berühmt. Von hier rief König Alfred Bischof Asser (gest. 909), um dem König in seinen Be-mühungen zu helfen, Gelehrsamkeit nach Wessex zurückzubringen. In St. David's wurde die latei-nische Chronik behalten, die beide "Brut y Tywyso-gion" und den "Annales Cambriae" unterliegt. Unter den drei Darstellungen von "den Annales Cambriae" wurde eine Version irgendwann nach 1288 in St. David's geschrieben. Es ist das einzige übriggebliebene Buch aus der mittelalterlichen Kathedralbibliotheque. Es ist auch die Hauptquelle für viele der Daten für die Baugeschichte der heutigen Kathedrale. Das Material, mit Beziehung auf das Leben des heiligen Davids, wurde auch in seinem Kloster bewahrt.

Rhagymadrodd

Mae'r adeilad sy'n dathlu ei wythcanmlwyddiant ym 1981, yn ei symlrwydd a'i urddas, yn greirfa briodol i nawddsant Cymru. Mae'r cerrig porffor a llwydwyrdd a chwarelwyd yn lleol, yn galw i gof fod Dewi Sant wedi ei eni ar y creigiau cyfagos lle saif heddiw Eglwys y Santes Non. Mae Afon Alun yn llifo o hyd trwy'r 'glyn corslyd' *(vallis rosina)* lle y tybiwyd iddo sylfaenu mynachlog yn y chweched ganrif ar safle'r gadeirlan bresennol. Yn ôl traddodiad, tybiwyd fod nenfwd corff yr eglwys wedi ei wneud o dderw Gwyddelig. Mae hyn yn ein hatgoffa na chyfyngwyd sancteiddrwydd Dewi i'r cwr anghysbell hwn o Gymru, a oedd gynt ar y prif lwybr rhwng Iwerddon a'r Cyfandir. Ceir un o'r cyfeiriadau cynharaf at Dewi Sant mewn hanes merthyron a gasglwyd yn yr wythfed ganrif gan gymuned Tallaght yn Iwerddon. Un o amcanion y gymuned oedd ceisio adfer y safonau llymder a nodweddai'r fynachaeth yr arferai Dewi. Byddent yn gynnal gŵyl Ddewi o *'cille muni'* (cell Mynyw) ar y cyntaf o Fawrth. Y gair Gwyddelig am 'berth' sef *'muni'* yw tarddiad Mynyw, yr enw ar Dyddewi yn y canol oesoedd. Gair cymharol ddiweddar yw Tyddewi sy'n gyfystyr â 'mynachlog Dewi'.

Yn y fynachlog honno y bu farw Dewi Ddyfrwr wedi treulio bywyd llym a sanctaidd. Cafodd yr enw 'Dyfrwr' neu *'Aquaticus'*, efallai oherwydd ei hunanddisgyblaeth lem. Bu farw ar ddydd Mawrth, y cyntaf o Fawrth ond ni wyddys ym mha flwyddyn. Nid yw'r dydd a'r dyddiad yn cyd-ddigwydd yn 588 na 601, y dyddiadau traddodiadal a gysylltir â'i farwolaeth. Parhaodd traddodiad hunanymwadol yn Nhyddewi o leiaf hyd gyfnod yr Esgob Morgeneu a fu farw yn 999. Ystyriwyd ei farwolaeth drwy law'r ysbeilwyr o Lychlyn yn farn arno am fwyta cig. Ef oedd yr esgob cyntaf i wneud felly.

Yn nhreigl amser daeth mynachlog Tyddewi yn enwog am ei haddysg yn ogystal â'i hunanddisgyblaeth. Oddi yno y galwyd Asser (m. 909) gan y Brenin Alfred i'w gynorthwyo yn ei ymdrechion i adfer addysg yn Wessex. Yn Nhyddewi cadwyd y cronicl Lladin sy'n sail i *Frut y Tywysogion* ac *Annales Cambriae*. Ysgrifennwyd un o dair fersiwn Annales Cambriae yn Nhyddewi rhywbryd ar ôl 1288. Dyma'r unig lyfr sydd wedi para o lyfrgell ganoloesol y Gadeirlan. Mae'r llyfr hefyd yn brif awdurdod ar lawer o ddyddiadau'r gwahanol ddigwyddiadau sy'n gysylltiedig â hanes adeiladu'r Gadeirlan bresennol. Cadwyd defnyddiau yn ymwneud â buchedd Dewi Sant yn ei fynachdy: dyma un o ffynonellau Rhigyfarch (m. 1099), mab yr Esgob Sulien (m.1091) ar gyfer ei *Vita Davidis* (Buchedd Dewi) a ysgrifennodd rhwng 1090 a 1095. Er mai hwn oedd y llyfr cyntaf a ysgrifennwyd ar fywyd Dewi amharwyd ar wyrth hanesyddol y gwaith oherwydd y deunydd chwedlonol sydd ynddo. Diben y gwaith oedd bod yn ymesgusodol a dadleuol yn wyneb ymosodiad y Normaniaid ar yr Eglwys

Introduction

In its simplicity and majesty, the building whose eighth centenary is celebrated in 1981 is a fitting shrine for the patron saint of Wales. The locally quarried purple and grey-green stone of which it is built, recalls the tradition that it was on the cliffs nearby, on the spot now marked by St. Non's Chapel, that St. David was born. The River Alun still flows through the 'marshy valley' *(vallis rosina)* where, in the sixth century, he is thought to have founded a monastery, on the site of the present cathedral. The nave ceiling, traditionally considered to be of Irish oak, reminds us that the fame of David's sanctity was not confined to this corner of Wales, which is now remote, but in his day lay on a main land and sea route between Ireland and the Continent. Among the earliest references to St. David, there is one in an eighth century martyrology, compiled by the community of Tallaght in Ireland which was seeking to restore those standards of austerity which characterised the monasticism which David professed; they kept the feast day of David of *'cille muni'* (the cell of Menevia) on March 1st. It is this Irish word *'muni'*, meaning 'a bush' or 'a brake' which gave St. Davids the name by which it was usually known in the mediaeval period—Menevia, Welsh *Mynyw;* the Welsh name Tyddewi ('David's House/Monastery') is of comparatively recent origin.

It was in that monastery, that David, known as 'Aquaticus', the Waterman', doubtless on account of his asceticism, died after a life spent in great austerity and holiness. His death occurred on Tuesday, 1st March, in an unknown year; in neither 588 nor 601, the traditional dates, did the day and the date thus coincide. An ascetic tradition continued at St. Davids, at least until the time of Bishop Morgeneu (d. 999). His death at the hands of Viking raiders was looked upon as a judgement for his eating meat; he was the first bishop to do so.

In the course of the centuries, the monastery of St. David became known for its learning as well as its austere nature. It was from there that King Alfred called Asser (d. 909) to aid him in his efforts to restore learning in Wessex. At St. Davids was kept the Latin Chronicle which underlines both *Brut y Tywysogion* and the *Annales Cambriae*. Of the three versions of the latter, one was written at St. Davids, sometime after 1288: it is the sole surviving book from the mediaeval Cathedral library; it is also the main authority for many of the dates of the various events in the building history of the present Cathedral. Materials relating to the life of St. David were also preserved in his monastery; it was upon these that Rhigyfarch (d. 1099), son of Bishop Sulien (d. 1091), drew when he composed his *Vita Davidis* (Life of David) in about 1090-95. Although the first life of the saint to be written, its historical value is vitiated by the legendary material it contains; its

l'évêque Julien (mort en 1091) composa son Vita Davidis (vie de David) à peu près en 1090-95. Bien qu'étant la première vie écrite du Saint, sa valeur historique est viciée par le matériel légendaire qu'elle contient; son but était apologétique et polémique devant l'agression des Normans contre l'église galloise.

L'église et le monastère que St. David construisa ont disparu depuis bien longtemps ainsi que ceux avec lesquels Asser et Rhigyfarch étaient familiers. La mer, offrant de faciles communications fut probablement un majeur facteur influençant le choix de David pour l'emplacement de son monastère ; il a certainement fourni une route pour le nombre incalculable de pélerins qui furent plus tard attirés par son sanctuaire, mais il attire de-même des visiteurs moins bienvenus. St. Davids fut fréquemment et lourdement attaqué par les Vikings —et d'autres— spécialement pendant le 10ième et 11ième siècle. Rien ne survécut à leur attention exceptées quelques pierres sculptées. Simples tombes marquées du 7ième siècle, la tête soigneusement gravée d'une croix du 10ième siecle, les pierres tombales d'Hedd et Isaac, fils de l'évêque Abraham massacré par les Vikings en 1080: tout atteste l'activité artistique et religieuse de St. Davids pendant cette période. La vie religieuse semble avoir survécu ces vicissitudes dans une forme dégradée et atténuée. Quoiqu'il en soit, un nouvel élément entra dans cette image lequel présagea de grands changements pour St. Davids.

En 1081, Guillaume Le Conquérant arriva à St. Davids, avec l'apparence d'un pélerin. En réalité il était probablement attiré par sa position stratégique, carrefour de la mer, et de la terre ferme. Aussi un rendez-vous à St. Davids durant la même année influença probablement sa visite. Gruffid ap Cynan, roi exilé de Gwynedd, débarqua à Porth Clais et rencontra Rhys ap Tewdwr, roi de Deheubarth, un réfugié du sanctuaire de St. Davids, et alors, ayant reçu une bénédiction et juré un serment d'amitié dans la cathédrale, en présence de l'évêque Sulien, ensemble ils continuèrent de vaincre leurs ennemis à Mynydd Carn. Rhys ap Tewdwr mourru en 1093, combattant contre les Normans et cela fut la fin de l'indépendance de Deheubarth; la fin de l'indépendance de St. Davids suivit rapidement. En 1115, après la mort de l'évêque Wilfred, le roi Henry I s'assura de la nomination de Bernard, âumonier de sa reine.

L'épiscopat de Bernard vu la réorganisation du diocèse et de la cathédrale. Il apparut d'avoir réformé le clergé de la cathédrale en fondant des canonicats, les dotant frugalement de prébendes. De-même il était averti que St. Davids avait jouit de son rang et privilège avant l'arrivée des Normans et ce fut par le résultat de ses efforts que St. Davids fut canonisé par Calixtus, Pape de 1119-24. Aussi, le même pontif décréta que deux pélerinages à Menevia (St. Davids) égalisaient un à Rome, cette décision assura la popularité du Saint Patron avec les

Rhigyfarch (gest. 1099) Sohn des Bischofs Suliens (gest. 1091) benutzte dieses Material als er sein "Vita Davids" (Leben Davids) um 1090-95 verfasste. Obwohl es die erste Verfassung des Lebens des Heiligen war, ist sein historischer Wert durch das legendenhafte Material beeinträchtigt. Es hatte einen verteidigenden und polemischen Zweck, angesichts des normannischen Angriffs gegen die walisische Kirche.

Die von dem heiligen David gebaute Kirche und Kloster sind längst verschwunden, wie auch diejenigen, womit Asser und Rhigyfarch bekannt waren. Das Meer, welches mühelosen Verkehr bot, war vermutlich ein Hauptumstand gewesen, warum David diesen Ort für sein Kloster wählte. Allerdings war es eine Route fur die zahllosen Pilger, die später zu seinem Schrein hingezogen wurden. Es brachte aber auch weniger willkommene Besucher. St. David's wurde oft und schwer von den Vikingern und anderen geplündert, besonders in den 10. und 11. Jahrhunderten. Nichts als ein paar gemeisselte Steine überlebten ihre Besuche. Einfache Grabplatten des 7. Jahrhunderts; der kunstvoll geschnittene Kopf eines Kreuzes des 10. Jahrhunderts; eine aus dem selben Zeitalter, mit Engeln bedeckte Platte; der Grabstein von Hedd und Isaac, den Söhnen jenes Bischofs Abrahams, der 1080 von den Vikingern ermordet worden war, alle zeugen von der künstlerischen und religiösen Betätigung zu der Zeit in St. David's. Das Religionsleben scheint diese Wirren überlebt zu haben, wenn nur in einer geminderten und schwächeren Form. Ein neues Element begann aber eine Rolle zu spielen und bedeutete grosse Veränderungen für St. David's. In 1081 kam Wilhelm der Eroberer, angeblich als Pilger, nach St. Davids. Eigentlich interessierte er sich für ihre strategische Lage an der Kreuzung der Meeres-und Landesrouten. Ein Treffen im selben Jahr in St. David's beeinflusste wahrscheinlich auch seinen Besuch. Gruffydd ap Cynan, der aus Gwynedd verbannte König war aus Irland in Porthclais gelandet und traf mit Rhys ap Tewdwr, dem König von Deheubarth, einem Flüchtling, bei dem Heiligtum in St. David's zusammen und dann, nachdem sie von Bischof Sulien gesegnet worden waren und in seiner Gegenwart Freiheit geschworen hatten, besiegten sie ihre Feinde bei Mynydd Carn. Rhys ap Tewdwr starb 1092, während er gegen die Normannen kämpfte, und das endete die Unabhängigkeit von Deheubarth. Das Ende der Unabhängigkeit St. David's als Landeskirche folgte bald darauf. Nach dem Tod Bischofs Wilfreds im Jahre 1115 ernannte König Heinrich 1 Bernard, den Kaplan seiner Königin, zum Bischof von St. David's.

Während des Episkopats Bernards sah man den Neuaufbau des Bistums und der Kathedrale. Offensichtlich bildete er die Geistlichen erneut aus, indem er Kanonikate gründete und ihnen, obgleich sparsam, Pfründer stiftete. Er erkannte auch den Status und die Sonderrechte, die St. David's vor der

Gymreig.

Mae'r eglwys a'r fynachlog a adeiladwyd gan Ddewi Sant a'r rhai yr oedd Asser a Rhigyfarch yn gyfarwydd â hwynt, wedi hen ddiflannu. Mae'n sicr fod y môr, yn ôl pob tebyg, yn un o'r prif ffactorau ddylanwadodd ar Ddewi i ddewis y fan hon i adeiladu mynachlog. Yr oedd y môr yn cynnig dull cymharol hawdd o deithio i'r pererinion di-rif a ddenwyd i'w feddrod. Yr oedd y môr hefyd yn denu gelynion. Anrheithiwyd Tyddewi yn fynych ac yn enbyd gan y Llychlynwyr, ac eraill, yn enwedig yn y ddegfed a'r unfed ganrif ar ddeg. Ambell garreg gerfiedig yn unig sydd wedi goroesi o'r cyfnod hwn. Mae nodwyr beddau o'r seithfed ganrif; pen cerfiedig croes o'r ddegfed ganrif; carreg ac angel yn gerfiedig arni o'r un cyfnod; carreg fedd Hedd ac Isaac, meibion Esgob Abraham a laddwyd gan y Llychlynwyr yn 1080, i gyd yn brawf o'r gweithgarwch crefyddol a chywrain yn Nhyddewi yn y cyfnod hwn. Ymddengys fod bywyd crefyddol wedi goroesi'r newidiadau hyn, er y gwnaethpwyd hynny mewn dull darostyngedig. Yr oedd elfen newydd wedi dod i'r golwg, elfen a arwyddai newidiadau mawr i Dyddewi.

Ymwelodd Gwilym Orchfygwr â Thyddewi yn rhith pererin. Yn ôl pob tebyg, fe'i cymhellwyd yno oherwydd safle pwysig Tyddewi fel croesffordd i deithiau ar fôr a thir. Mae'n sicr y dylanwadwyd ar ei ymweliad gan y cyfarfod a fu yno rhwng Gruffydd ap Cynan, brenin Gwynedd a alltudiwyd i Iwerddon, ac a laniodd ym Mhorthclais, a Rhys ap Tewdwr, brenin y Deheubarth, alltud yn y noddfa yn Nhyddewi. Wedi i'r ddau dyngu llw o gyfeillgarwch ym mhresenoldeb yr Esgob Sulien a'u bendithio ganddo, fe enillasant frwydr Mynydd Carn. Gyda marwolaeth Rhys ap Tewdwr yn 1093 tra'n brwydro yn erbyn y Normaniaid daeth annibyniaeth y Deheubarth i ben, ac yn sgîl hynny, annibyniaeth Tyddewi. Yn 1115, ar ôl marw'r Esgob Wilfred, sicrhadd y Brenin Harri'r Cyntaf benodiad Bernard, caplan ei wraig, yn esgob Tyddewi.

Yn ystod bywyd Bernard, ad-drefnwyd yr esgobaeth a'r gadeirlan. Ymddengys iddo ddiwygio clerigwyr y gadeirlan trwy sefydlu canoniaethau, gan waddoli ychydig ohonynt â phrebendau. Gwyddai hefyd am statws a breintiau Tyddewi cyn dyfod y Normaniaid, a thrwy ei ymdrechion ef y canoneiddiwyd Dewi Sant gan y Pab Calixtus yr Ail, a fu'n Bab o 1119 hyd 1124. Hefyd, fe ddeddfodd fod dwy bererindod i Fynyw (Tyddewi) yn gydradd ag un i Rufain, penderfyniad a sicrhaodd boblogrwydd y nawddsant gan bererinion yr oesoedd canol. O ganlyniad i hyn a rhoddion y pererinion, ymddengys fod Bernard wedi medru dechrau adeiladu eglwys newydd i Ddewi. Yn ôl y cronicl 'cysegrwyd' eglwys Mynyw yn 1131(?). Yn ôl awdur cyfoes, ymddengys fod un ffactor bwysig ar goll. Yn y flwyddyn 1089 fe'n hysbysir trwy gyfrwng y cronicl Lladin, y dygwyd creirfa Dewi Sant a'i hysbeilio. Ni wyddys beth ddigwyddodd i'r creiriau. Yn ôl William o

purpose was apologetic and polemical in the face of Norman aggression against the Welsh church.

The church and monastery which St. David built have long since disappeared, as have those with which Asser and Rhigyfarch were familiar. The sea which afforded ease of communication had probably been a major factor in influencing David's choice of this site for his monastery; it certainly provided a route for the countless pilgrims which his shrine later attracted, but it also brought less welcome visitors. St. Davids was frequently and heavily raided by the Vikings—and others—especially in the tenth and eleventh centuries. Nothing survives their attentions except a few carved stones. Simple grave markers of the seventh century; the elaborately carved head of a tenth century cross; an angel decorated slab of the same period; the gravestone of Hedd and Isaac, sons of that Bishop Abraham slaughtered by the Vikings in 1080: all testify to the artistic and religious activity at St. Davids in this period. Religious life seems to have survived these vicissitudes albeit in a debased and attenuated form. A new element had, however, entered the picture, one which presaged great changes for St. Davids.

In 1081, William the Conquerer came to St. Davids, ostensibly as a pilgrim. In reality he was, probably, attracted by its strategic position at the junction of major sea and land routes. A meeting at St. Davids in the same year probably influenced his visit too. Gruffydd ap Cynan, exiled king of Gwynedd had landed at Porth Clais from Ireland, and met with Rhys ap Tewdwr, king of Deheubarth, a refugee at the sanctuary in St. Davids, and then, having received a blessing from, and sworn an oath of friendship in the cathedral in the presence of Bishop Sulien, they had both proceeded to defeat their enemies at Mynydd Carn. Rhys ap Tewdwr's death in 1093, fighting against the Normans, brought the independence of Deheubarth to an end; the end of St. Davids' independence as a see soon followed. In 1115, after the death of Bishop Wilfred, King Henry I secured the appointment of Bernard, chaplain to his queen.

Bernard's episcopate saw the reorganisation of both diocese and cathedral. He appears to have reformed the cathedral clergy by founding canonories and endowing them, albeit sparingly, with prebends. He was also aware of the status and privileges which St. Davids had enjoyed prior to the arrival of the Normans, and it was as a result of his efforts that St. David was canonised by Calixtus II, Pope from 1119-24. The same pontiff also decreed that two pilgrimages to Menevia (St. Davids) were equal to one to Rome, a decision which ensured the patron saint's popularity with mediaeval pilgrims. As a result of this, and the offerings made by the pilgrims at the shrine, Bernard seems to have embarked upon a building programme. The chronicle records that in 1131 (?) the church of Menevia was 'dedicated'. One important factor seems,

pélerins médiévaux. En résultat de ceci, et les offrandes faites par les pélerins à l'autel, Bernard semble avoir embarqué dans un programme de construction. La chronique enregistre qu'en 1131(?) l'église de Menevia était dédicacée. Selon un auteur contemporain, un important facteur semble manquer. En 1089, la chronique latine nous décrit que l'autel de St. Davids fut pris et dépouillé. Le destin des reliques, elles-mêmes, apparait inconnu. Selon l'écrit de Guillaume de Malmesbury (à peu près en 1130), Bernard avait cherché plusieurs fois le corps de David mais sans succès; en fait, au même moment Glastonbury revendiqua que St. David reposait ici. L'absence des reliques du Saint n'apparait pas d'avoir constitué de sérieux problèmes pour la croissance de St. Davids comme un centre de pélerinage. Selon des ressources plus avancées, le corps de St. Davids réapparut seulement au 13ième siècle, quand par le résultat d'un vision, il fut entièrement retrouvé en-dessous de la cathédrale, cette re-découverte n'est probablement pas sans connection avec la construction d'un nouvel autel en 1275 (?).

L'église 'dédicacée' en 1131 ne survi va pas longtemps, puisque c'est probablement l'église de Menevia, laquelle, l'annaliste de St. Davids, nous informe fut démolie quand le 'nouveau travail' (novum opus) commença. C'est ce nouveau travail, commencé par l'évêque Pierre de Leia (1176-97) que nous pouvons voir aujourd'hui dans les plus vieilles parties de la cathédrale. Ses huit centenaires sont célébrés en 1981. Durant les siècles intermédiaires, elle fut étendue, vandalisée, partiellement détruite, négligée et subit diverses restaurations. L'évêché fut menacé de suppression pour des localités plus peuplées. Il survaincu la perte de revenus, provenant des pélerinages du Moyen-Age, ainsi que les désastres de la législation victorienne et de la retraite du gouvernement au 20ième siècle.

Si il atteigna son 8ième siècle est du au nombre incalculable de bienfaiteurs s'efforçant, le plus souvent avec les plus minces ressources, de maintenir l'édifice; aux successifs doyens et aumôniers se sentant privilégiés de prendre soin de la cathédrale, au nombre incalculable de pélerins médiévaux et modernes qui sont allés à St. Davids; aux amis de la cathédrale qui ont entrepris d'alléger la charge des aumôniers; et de la succession d'architectes et d'artisans luttant avec les problèmes de la structure de l'édifice.

Ankunft der Normannen genossen hatte, und das führte dazu, dass der heilige David von Calixtus (Papst zwischen 1119-24) heiliggesprochen wurde. Derselbe Papst verordnete, dass zwei Pilgerfahrten nach Menevia (St. David's) einer nach Rome gleichgestellt werden sollten, was die Popularität des Heiligen mit den mittelalterlichen Pilgern sicherstellte. Infolgedessen und Dank der Opfergaben der Pilger am Schrein, begann Bernard offensichtlich mit einem Bauprogramm. Die Chronik berichtete die Einweihung der Kirche von Menevia im Jahre 1131 (?). Einem zeitgenossischen Autor nach, fehlte ein wichtiger Faktor. Im Jahre 1081 erzählt uns die lateinische Chronik, dass der Schrein des heiligen Davids aus der Kirche genommen und beraubt wurde. Das Schicksal der Reliquien selbst scheint unbekannt zu sein. Dem zirka 1130 schreibenden Wilhelm von Malmsesbury nach, hatte Bernard den Körper des heiligen Davids mehrmals gesucht, aber ohne Erfolg. Zu jener Zeit behauptete Glastonbury zwar, dass der heilige David dort ruhte. Das Nichterscheinen der Reliquien behinderte keineswegs die Entwicklung St. David's als Pilgerfahrtzentrum. Späteren Quellen nach, kam der Körper des heiligen Davids erst im 13. Jahrhundert wieder zum Vorschein als, infolge einer Vision, der Körper dann aus den Kathedralgeländen ausgegraben wurde. Hatte dieses "Wiederfinden" vielleicht etwas mit dem Bau eines neuen Schreins 1275 (?) zu tun?

Die 1131 eingeweihte Kirche bestand nicht lange, da sie wahrscheinlich jene Kirche von Menevia war, welche, dem St. David's Geschichtsschreiber nach, zerstört wurde, als die "neue Arbeit" (Novum opus) begonnen wurde. Dieser neue, von Bischof Peter de Leia (1176-97) begonnene Bau sehen wir in den ältesten Teilen der heutigen Kathedrale, deren Achthundertjahrfeier wir 1981 feiern. Während der dazwischenliegenden Jahrhunderte hat man daran angebaut, sie beschädigt, zum Teil zerstört und vernachlässigt und mehrmals restauriert. Sie ist mit Umzug der Diözese nach grösseren Orten gedroht worden. Sie hat den Geldverlust überwunden, (Einkünfte, die sie von den mittelalterlichen Pilgern bekam) sowohl die Traumas viktorianischer Legislatur und Trennung im 20. Jahrhundert. Die Erreichung der Achthundertjahrfeier verdankt sie jenen zahllosen Gönnern, die sich bemüht haben, oft mit den knappsten Geldmitteln, das Gebäude zu unterstützen; jenen Dekanen und Kapitelen, die sich um die Kathedrale gekümmert haben; den unbekannten mittelalterlichen und auch heutigen Pilgern, die nach St. David's gekommen sind; den Freunden der Kathedrale, die es übernommen haben, die Last des Kapitels zu erleichtern; und der Reihe von Architekten und Handwerkern, die mit den Konstruktionproblemen des Gebäudes zurechtkommen mussten.

Malmesbury a oedd yn ysgrifennu oddeutu 1130, bu Bernard yn chwilio'n aflwyddiannus am gorff Dewi Sant. Hawliai Ynys Afallon mai yno y gorffwysai Dewi. Nid yw'r ffaith na ddaethpwyd o hyd i greiriau'r sant wedi amharu ar dŵf Tyddewi fel cyrchfan i bererinion. Mewn ffynonhellau diweddar, honnwyd i gorff Dewi ailddangos yn y drydedd ganrif ar ddeg, a hynny o ganlyniad i weledigaeth pan ddarganfyddwyd y corff, yn gyflawn, yn nhir y Gadeirlan. Tybir fod cysylltiad rhwng y darganfyddiad ag adeiladu creirfa newydd yn 1275 (?).

Ni pharhaodd yr eglwys a gysegrwyd yn 1131 yn hir iawn, oblegid tybir yn ôl cofnodydd Tyddewi, iddi gael ei dinistrio pan ddechreuwyd y 'gwaith newydd' *(novum opus)* gan yr Esgob Peter de Leia (1176-1197). Dyma'r hyn a welwn yn rhannau hynaf y gadeirlan bresennol yr ydym yn dathlu ei wythcanmlwyddiant yn 1981. Yn ystod y canrifoedd anrheithiwyd, dinistriwyd ac esgeuluswyd y gadeirlan, ond adeiladwyd ati ac adferwyd rhannau ohoni. Bygythiwyd symud yr esgobaeth i leoedd mwy poblog, ond mae wedi goroesi hyn, er colli rhoddion pererinion y canol oesoedd a dioddef deddfau Oes Victoria a'r Datgysylltiad yn yr ugeinfed ganrif. Y noddwyr di-rif sydd wedi ymdrechu ag adnoddau prin i gynnal yr adeilad; y deoniaid a'r Cabidwl sydd wedi ei chyfrif hi'n fraint i ofalu am y gadeirlan; y pererinion di-enw ar hyd y canrifoedd sydd wedi teithio i Dyddewi; Cyfeillion y Gadeirlan sydd wedi ymgymryd ag ysgafnhau baich y penaethiaid a'r penseiri ar crefftwyr sydd wedi ymgodymu â phroblemau yr adeilad; mae'r rhain oll wedi bod yn gyfrifol am i'r gadeirlan gyrraedd ei wythcanmlwyddiant.

according to a contemporary author, to have been missing. In 1089, the Latin chronicle tells us that the shrine of St. David was taken from the church and despoiled. The fate of the relics themselves appears to be unknown. According to William of Malmesbury, writing c. 1130, Bernard had searched more than once for the body of St. David but had been unsuccessful; indeed at that time Glastonbury claimed that St. David rested there. The non-appearance of the saint's relics does not appear to have constituted any serious obstacle to the growth of St. Davids as a pilgrimage centre. According to later sources, the body of St. David did not re-appear until the thirteenth century, when as the result of a vision, it was recovered entire from the Cathedral grounds; this 're-discovery' is perhaps not unconnected with the construction of the new shrine in 1275 (?).

The church 'dedicated' in 1131 did not long survive, since it is probably the 'church of Menevia', which the St. Davids annalist informs us was 'demolished' when the 'new work' *(novum opus)* was begun. It is that 'new work', begun by Bishop Peter de Leia (1176-97) which we see today in the oldest portion of the present cathedral, and whose octocentennial we celebrate in 1981. It has, during the intervening centuries, been extended, vandalised, partially destroyed, neglected and undergone various restorations. It has been threatened with removal of the see to more populous places. It has survived the loss of revenue it derived from pilgrimage in the middle ages as well as the traumas of Victorian legislation and twentieth century Disestablishment. That it has reached its eighth centenary at all is due to those countless benefactors who have striven, often with the slenderest of resources, to maintain the fabric: to successive deans and chapters who have felt privileged to care for the cathedral; to nameless pilgrims mediaeval and modern who have made the journey to St. Davids; to the Friends of the Cathedral who have undertaken to lighten the burden on the Chapter; and to the succession of architects and craftsmen who have had to cope with the structural problems of the building.

Cynllun o'r Eglwys Gadeiriol
Plan of the Cathedral
Plan de la Cathédrale
Plan der Kathedrale

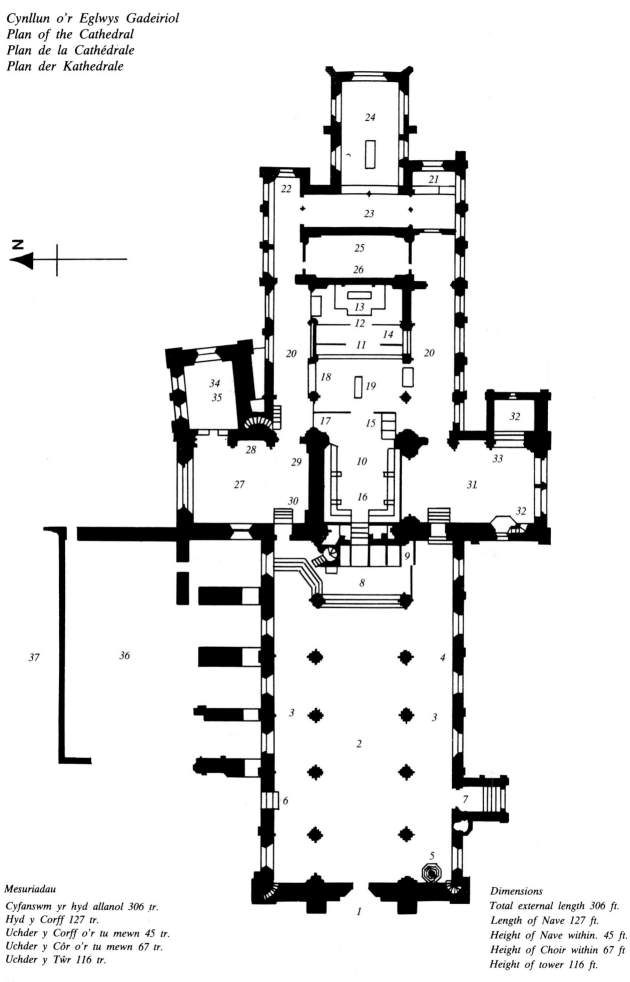

N

Mesuriadau

Cyfanswm yr hyd allanol 306 tr.
Hyd y Corff 127 tr.
Uchder y Corff o'r tu mewn 45 tr.
Uchder y Côr o'r tu mewn 67 tr.
Uchder y Tŵr 116 tr.

Dimensions

Total external length 306 ft.
Length of Nave 127 ft.
Height of Nave within. 45 ft.
Height of Choir within 67 ft
Height of tower 116 ft.

1. Yr Wyneb Gorllewinol
    West Front
    Facade Ouest
    Westfront

2. Corff yr eglwys
    Nave
    Nef
    Hauptschiff

3. Yr Eiliau
    Aisles
    Les Allées
    Die Seitenschiffe

4. Bedd yr Esgob Morgan
    Bishop Morgan's Tomb
    Tombe de l'Evêque Morgan
    Grabmal des Bischofs Morgan

5. Bedyddfaen
    Font
    Les Fonts baptismaux
    Taufbecken

6. Y Porth Gogleddol
    North Door
    Porte Nord
    Nordeingang

7. Y Porth Deheuol
    South Door
    Porte Sud
    Südeingang

8. Y Sgrin
    Screen
    Jubé
    Pulpitum

9. Bedd yr Esgob Gower
    Bishop Gower's Tomb
    Tombe de l'Evêque Gower
    Grabmal des Bischofs Gower

10. Y Tŵr
    Tower
    Tour
    Turm

11. Y Gafell
    Presbytery
    Presbitère
    Presbyterium

12. Y Seintwar
    Sanctuary
    Sanctuaire
    Altarplatz

13. Yr Allor Fawr
    High Altar
    Maître Autel
    Hochaltar

14. Sedilia
    Sedilia
    Sedilia
    Sedilia

15. Gorsedd yr Esgob
    Bishop's Throne
    Trône de l'Evêque
    Bischofs Thron

16. Y Côr
    Choir
    Choeur
    Chor

17. Y Sgrin "Parclose"
    Parclose Screen
    La Cloison
    Parclose Trennwand

18. Creirfa Dewi Sant
    Shrine of St. David
    Châsse de St. David
    Reliquienschrein des St. David

19. Bedd Edmwnd Tudur
    Edmund Tudor's Tomb
    Tombe d'Edmund Tudor
    Grabmal von Edmund Tudor

20. Eiliau'r Côr
    Choir Aisles
    Allées des Choeurs
    Chorschiffe

21. Capel S. Edward
    St. Edward's Chapel
    Chapelle de St. Edouard
    Kapelle des St. Eduard

22. Capel S. Nicolas
    St. Nicholas' Chapel
    Chapelle de St. Nicolas
    Kapelle des St. Nikolaus

23. Y Blaen Gapel
    Ante-Chapel
    Antichapelle
    Vor-Kapelle

24. Capel Mair
    Lady Chapel
    Chapelle de la Vierge
    Marienkapelle

25. Capel y Drindod Sanctaidd
    Chapel of the Holy Trinity
    Chapelle de la Trinité
    Kapelle der Heiligen Dreifaltigheit

26. Creirfa Dewi Sant
    The Reliquary
    Reliquaire
    Reliquie

27. Y Groes Eglwys Gogleddol
    North Transept
    Transept Nord
    Nördliches Querschiff

28. Capel S. Andreas
    St. Andrew's Chapel
    Chapelle de St. André
    Kapelle des St. Andrew

29. Creirfa S. Caradog
    St. Caradog's Shrine
    Châsse de St. Caradog
    Schrein des St. Caradog

30. Cofeb Tomos Tomkins
    Thomas Tomkins' Memorial
    Monument de Thomas Tomkins
    Denkmal des Thomas Tomkins

31. Y Groes Eglwys Ddeheuol
    South Transept
    Transept Sud
    Südliches Querschiff

32. Y Festri
    Vestry
    Sacristie
    Sakristei

33. Carreg fedd Meibion Esgob Abraham
    Gravestone of sons of Bishop Abraham
    Pierre tombale des fils de l'Evêque Abraham
    Grabstein der Söhne von Bischof Abraham

34. Capel S. Tomos Becket
    St. Thomas à Becket's Chapel
    Chapelle de Thomas à Becket
    Kapelle des St. Thomas Becket

35. Y Llyfrgell
    Library
    Bibliothèque
    Bibliotheque

36. Y Clawster
    Cloister
    Cloître
    Kreuzgänge

37. Capel Coleg y Santes Fair
    St. Mary's College (Hall)
    Chapelle du Collège de St. Marie
    Kapelle des Marienkollegiums (Saal)

La Cathédrale

L'originale conception de De Leia était une église en forme de crucifix, avec une allée dans la nef et le presbitère, le tout recouvert par un bas clocher s'élevant au-dessus des toits pointus. Le coeur de cet édifice du 12ième siècle n'est pas totalement exténué. Les arcades de la nef, la plupart des transepts, les arches ouest de la tour, les fondements du mur est du presbitère, montrent toujours les caractéristiques de transitions de son style, choisi par les premiers constructeurs, bien que déjà ce style était démodé. Les réparations nécessaires après l'effrondrement de la tour (1220) et les dommages d'un tremblement de terre (1247) continuaient dans un style pointu mais toujours réservé. C'est à peu près durant cette période que les chapelles furent construites à l'ouest de l'édifice, lesquelles furent amplement refondues au 14ième siècle. L'évêque Gower (1328-47) reconstruisit les murs de l'allée, ajouta le joubé, laquelle contient sa tombe et reconstruisit la chapelle St. Thomas. De-même, l'addition du second dévelopement de la tour lui est attribuée ainsi que le toit du porche sud, de-même que quelques ajustements dans la chapelle de la Vierge. Quoiqu'il est fait, son majeur accomplissement fut la reconstruction et la totale décoration du palais de l'évêque. L'évènement de la Dynastie galloise au trône, avec l'aide galloise en 1485, réflecte plus tard dans le style perpendiculaire de la St. chapelle de la Trinité, et dans la boiserie avec laquelle St. Davids est amplement doté, et particulièrement, l'unique plafond de la nef. La Réforme, associée avec la même dynastie, vu d'une part la destruction de l'autel et d'autre part l'acquisition de la tombe d'Edouard Tudor (mort en 1456) 'père et fils des rois'.

Quoiqu'il en soit le 17ième siècle vu les moments les plus difficiles pour l'édifice. En 1648 des soldats de la République furent expédiés pour mettre le plomb de St. Davids en sécurité mais il apparut que de-même ils avaient pris la cloche ténor et tous les cuivres, détruit l'orgue et cassé tous les vitraux. Les transepts et presque toute la partie est de l'église étaient ouverts aux intempéries. Bien que les ressources du chanoine avaient diminuées, ils avaient mis un nouveau toit sur les transepts (1966), muré les arches du presbitère et installé un nouvel orgue (au début du 18ième siècle); ils avaient dépensé plus de 2.500 livres entre 1686 et 1727. Ces réparations continuèrent à-travers le 18ième siècle bien que la voûte en pierre de la Chapelle de la Vierge s'effondra en 1775. En 1789, L'évêque Horsley lança un appel pour restaurer la façade ouest. L'architecte John Nash fut choisi et accomplit ce travail en à peu près 1793 au prix de 2.015 livres, 15 shillings et 5 pence. Malheureusement, n'étant plus de dernière mode et les pierres s'écaillant causa la démolition de cet très intéressant exemple du commencement de la renaissance de l'architecture gothique; l'actuelle

Die Kathedrale

De Leias originale Konzeption war von einer kreuzförmigen Kirche mit einem Hauptschiff und Presbyterium, die von einem tiefen Zentralturm bedeckt wurde, der über steile Dächer emporstieg. Der Kern jenes Gebäudes aus dem 12. Jahrhundert besteht zum grössten Teil heute noch. Die Arkaden des Hauptschiffs, die meisten Querschiffe, der westliche Bogen des Turms, der Fuss der östlichen Wand des Presbyteriums zeigen noch heute die Merkmale des Übergangsstils, der von den Urbauarbeitern gewählt wurde, obwohl er schon altmodisch geworden war. Die Reparaturen, die nach dem Turmeinsturz (1220) (?) und dem Erdbebenschaden (1247) nötig waren, wurden in dem gespitzten Stil sehr konservativ ausgeführt. Zu dieser Zeit wurden Kapellen östlich des Gebäudes ausgebaut, und dieses Ostende wurde im 14. Jahrhundert beträchtlich umgebaut. Bischof Gower (1328-47) baute die Seitenschiffwände wieder auf, baute das Pulpitum, worin sein Grab liegt, an, und baute die Kapelle des heiligen Thomas. Der Anbau der zweiten (Laternen) Stufe des Turms, das Dach der südlichen Vorhalle und auch einige Einrichtungen in der Marienkapelle werden ihm zugeschrieben. Seine Hauptleistung jedoch war der Wiederaufbau und die Restaurierung des Bischofspalasts. Die Thronbesteigung 1485 einer walisischen Dynastie zeigt sich im spätperpendikularen Stil der Kapelle der heiligen Dreifaltigkeit und in dem Holzwerk, womit St. Davids reichlich ausgestattet ist, besonders in der einzigartigen Decke des Hauptschiffs. Die mit derselben Dynastie verbundene Reformation sah auf der einen Hand die Zerstörung des Schreins des heiligen Davids, und auf der anderen, die Anschaffung des Grabmals Edmund Tudors (gest 1456.) "des Vaters und Bruders von Königen."

Das 17. Jahrhundert sah die schwierigste Periode für das Gebäude. Soldaten der englischen Republik unter Cromwell wurden 1648 nach St. David's gesandt, um Blei vom Dach zu holen. Sie taten das, und nahmen dann auch die Tenorglocke und die ganzen Gedenkgrabplatten aus Messing, zerstörten die Orgel und schlugen die Farbglasfenster ein. Die Querschiffe und fast der ganze Ostarm der Kirche wurden jetzt zum Wetter offengelassen. Trotzdem aber hatte das Kapitel bis Anfang des 18. Jahrhunderts mit wenig Geld die Querschiffe wieder überdacht (1696), die Bögen des Presbyteriums zugemauert und eine neue Orgel installiert. Zwischen 1686 und 1727 gaben sie mehr als 2,500 Pfund aus. Solche Reparaturen gingen durch das 18. Jahrhundert weiter, obwohl das Steingewölbe der Marienkapelle 1775 einfiel. Im Jahre 1789 richtete Bischof Horsley einen Appell, um die Westfront zu restaurieren. Der gewählte Architekt, John Nash, stellte die Arbeit mit einem Kostenaufwand von £2,015-15s.-3d. zirka 1793 fertig.

Leider führten Geschmacksänderungen und ein

Y Gadeirlan

Cynllun gwreiddiol de Leia oedd eglwys ar ffurf croes gydag eiliau trwy gorff yr eglwys a'r gafell ynghyd â thŵr isel canolog yn codi dros doeon serth. Mae rhan helaeth o'r adeilad gwreiddiol o'r ddeuddegfed ganrif yn bod o hyd. Mae arcedau corff yr eglwys, y rhan fwyaf o'r croesau, bwa gorllewinol y tŵr, a sail mur dwyreiniol y gafell yn dangos y dull Trawsnewidiol a ddewiswyd gan yr adeiladwyr gwreiddiol, er ei fod erbyn hynny yn hen ffasiwn. Atgyweiriwyd yn y dull pigfain, er yn geidwadol, wedi cwymp y tŵr oddeutu 1220 ac effaith daeargryn yn 1247. Tua'r un cyfnod ychwanegwyd capeli at ran ddwyreiniol yr adeilad, ond adluniwyd y rhain yn helaeth yn y bedwaredd ganrif ar ddeg. Er i'r Esgob Gower (1328-47) ailadeiladu muriau'r eiliau, ychwanegu pulpitum carreg sy'n cynnwys ei fedd ac ailadeiladu capel Sant Thomas yn ogystal â'i gysylltu ag ail ran (llusern) y tŵr a gosod to ar gyntedd y dê a chodi rhai o'r celfi sefydlog yng Nghapel Mair, ei brif orchest oedd ailadeiladu Plas yr Esgob. Adlewyrchwyd dyfodiad teulu brenhinol Cymreig i orsedd Lloegr yn 1485, trwy gymorth Cymru, yn y dull Unionsgwar diweddar a welir yng Nghapel y Drindod Sanctaidd ac yn y gwaith coed eang ond, yn bennaf, yn nho unigryw corff yr eglwys. Canlyniadau y Diwygiad Protestannaidd a gysylltwyd â'r un teulu brenhinol oedd dinistrio creirfa Dewi Sant ar y naill law a chael bedd Edmwnd Tudur (m. 1456) 'tad a brawd brenhinoedd' ar y llall.

Yr ail ganrif ar bymtheg oedd cyfnod mwyaf anodd yr adeilad. Danfonwyd milwyr y Gymanwlad i ddwyn plwm o Dyddewi. Gwnaethant hynny ac yn ogystal, dygasant y gloch denor a'r cofebau pres heblaw dinistrio'r organ a'r ffenestri gwydr lliw. Yr oedd y Croesfeydd a rhan helaeth o ochr ddwyreiniol yr eglwys yn agored i'r pedwar gwynt. Er hynny, llwyddodd y Cabidwl er cyn lleied o arian oedd ganddynt, i doi'r croesfeydd, llenwi bwau'r gafell a gosod organ newydd ar ddechrau'r ddeunawfed ganrif. Gwariwyd dros ddwy fil a hanner o bunnoedd rhwng 1686 a 1727. Parhawyd â'r atgyweiriadau trwy'r ddeunawfed ganrif er i do carreg Capel Mair gwympo yn 1775. Yn 1789, dechreuodd yr Esgob Horsley gronfa i adfer y Rhan Orllewinol. Dewiswyd John Nash yn bensaer ac fe gwblhaodd y gwaith tua 1793. Y gost oedd £2015 15 swllt a 5 ceiniog. Gwaetha'r modd, oherwydd newid ffasiwn a'r gwaith carreg a oedd yn dirywio'n gyflym, dinistriwyd yr enghraifft ddiddorol hon o'r dull pensaernïol hwn, sef dull cynnar yr Adfywiad Gothig. Adeiladwyd y rhan orllewinol bresennol yn ei lle tua diwedd y ganrif ddiwethaf. Yn y 1840au gwnaed gwaith gan Butterfield ar ffenestr y Groesfa Ogleddol, y Groesfa Ddeheuol a'r pulpitum.

Dechreua'r cyfnod diweddaraf yn hanes adeiladu Eglwys Gadeiriol Tyddewi â gwaith Syr Gilbert Scott. Ar ôl iddo archwilio'r adeilad a rhoi adroddiad i'r Cabidwl yn 1862, ei brif orchwyl oedd ceisio

The Cathedral

De Leia's original conception was that of a cruciform church, with an aisled nave and presbytery, capped by a low central tower rising over steeply pitched roofs. The core of that twelfth century building is still, to a large extent, in existence. The nave arcades, most of the transepts, the western arch of the tower, the base of the east wall of the presbytery, still exhibit the characteristics of the Transitional style, which was chosen by the original builders, old-fashioned though it had by then become. The repairs necessary after the collapse of the tower (1220) (?) and earthquake damage (1247) were carried out in the pointed style, but again conservatively. At about this period chapels were thrown out to the east of the building, which was extensively remodelled in the fourteenth century. Bishop Gower (1328-47), rebuilt the aisle walls, added the stone pulpitum which contains his tomb and rebuilt St. Thomas' chapel. He is also credited with the addition of the second (lantern) stage of the tower, and the south porch roof as well as some of the fittings in the Lady Chapel. His major achievement, however, was the reconstruction and refurbishing of the Bishop's Palace. The accession of a Welsh dynasty to the throne, with Welsh help, in 1485, is reflected in the late Perpendicular style of Holy Trinity Chapel, and in the woodwork with which St. Davids is extensively endowed, in particular, the unique Nave ceiling. The Reformation associated with the same dynasty, saw on the one hand, the destruction of the shrine of St. David and on the other the acquisition of the tomb of Edmund Tudor (d. 1456) 'father and brother of kings'.

It was the seventeenth century, however, which saw the most difficult time for the building. Commonwealth soldiers were despatched in 1648 to secure lead from St. Davids. This they did and also, so it seems, removed the tenor bell and all memorial brasses, destroyed the organ and smashed the stained glass windows. The Transepts and most of the eastern arm of the church were left open to the elements. Even so the Chapter, with much diminished resources had reroofed the transepts (1696), walled up the presbytery arches, and installed a new organ (beginning of the eighteenth century); they spent over £2,500 between 1686 and 1727. Such repair work continued throughout the eighteenth century, although the stone vault of the Lady Chapel fell in 1775. In 1789, Bishop Horsley launched an appeal to restore the West Front. The architect chosen was John Nash who accomplished the work c. 1793 at a cost of £2,015.15s.5d. Unfortunately, changing taste, and badly flaking stonework, caused the demolition of this interesting example of early Gothic Revival architecture; it was replaced towards the end of the nineteenth century by the present West front. The 1840's saw work by Butterfield in the North Transept window, the South Transept and

façade ouest fut remplacée à peu près à la fin du 19ième siècle. Les années 1840 furent le travail de Butterfield de la fenêtre dans le transept nord, le transept sud et la chaire.

La phase la plus récente dans l'histoire de la construction de la cathédrale de St. Davids commence avec Sir Gilbert Scott. Sa première tâche après avoir examiné le monument et avoir fait rapport de cela avec le chanoine en 1862, fut d'éviter l'emminent effondrement de la tour. Ayant heureusement complété sa tâche, il commença de réparer le presbitère et la nef, de mettre de nouveaux toits sur les transepts et les allées du choeur et de repeindre la plupart des édifices. Ce procédé fut continué par son fils Oldrid Scott (chapelle de la Vierge en 1901) et à travers ce siècle par W. D. Caroe, son fils A.D.R. Caroe et son grand fils M. Caroe.

Ainsi l'histoire de la cathédrale de St. Davids n'est pas seulement un impersonnel catalogue de styles monumentaux ou une liste d'évènements architecturaux mais l'histoire de gens imbibés de la vision de Dieu, et essayant d'exprimer leur vision dans ce monument. Cette histoire est autant pour les artisans que pour les évêques, les artisans continuant les désirs des évêques, des doyens et des architectes qui avaient l'intention de construire, étendre, restaurer et d'embellir la cathédrale. C'est aussi l'histoire de l'évêque Barlow et de ces soldats inconnus de la République, qui avaient eu une vision de Dieu et qui y croyaient et les amena à détruire ce que les autres avaient construit. C'est aussi l'histoire des gens, qui par Amour de St. David et St. Davids, étaient contre le changement de l'évêché pour un emplacement plus commode pour l'administration d'un plus grand diocèse. Mais au-dessus de tout, cette histoire est a propos d'une communauté représentant le diocèse, le clergé, la commune qui ont adoré ici dans une incassable succession pour 1400 années, 800 de ces années, dans cet édifice.

schweres Abbröckeln des Mauerwerks zum Abreissen dieses interessanten Beispiels frühgotischer Renaissance Architektur. Sie wurde gegen Ende des 19. Jahrhunderts durch die heutige Westfront ersetzt. Während der 1840 er Jahre arbeitete Butterfield am nördlichen Querschiff-Fenster, am Südlichen Querschiff und am Pulpitum. Der neueste Abschnitt der Baugeschichte von der St. David's Kathedrale beginnt aber mit Sir Gilbert Scott. Seine erste Aufgabe, nachdem er des Gebäude inspiziert und dem Kapital 1862 darüber berichtet hatte, war den drohenden Einsturz des Turms zu verhindern. Nach dem Abschluss dieser Arbeit wandte er sich der Reparatur des Presbyteriums und des Hauptschiffs, der Beschaffung neuer Dächer für die Querschiffe und Chorschiffe, der Reparatur und dem Ausmalen der Ausstattung zu. Diese Arbeit ging mit seinem Sohn Oldrid Scott (Die Marien Kapelle 1901) weiter und durch dieses ganze Jahrhundert hindurch mit W. D. Caroe und seinem Sohn A. D. R. Caroe und dem Enkel M. Caroe. Die Geschichte der St. David's Kathedrale ist deshalb weder diejenige eines unpersönlichen Katalogs von Baustilen, noch eine Serie architektonischer Ereignisse. Sie ist die Geschichte von Menschen, die mit der Vision Gottes erfüllt waren und die danach strebten, jene Vision in einem besonderen Gebäude auszudrücken. Sie ist auch die Geschichte jener unbekannten Handwerker, die ihre Wünsche ausführten, wie auch diejenige der Bischöfe, Dekane und Architekten, deren Absicht es war, die Kathedrale zu bauen, anzubauen, zu restaurieren und zu verschönern. Sie ist auch die Geschichte von Bischof Barlow und jenen unbekannten Soldaten der englischen Republik unter Cromwell, deren gleichwertige aufrichtige Vision Gottes sie zur Zerstörung führten, wo andere aufgebaut hatten. Auch ist sie die Geschichte derjenigen, die, aus Liebe zum Schutzheiligen und Respekt vor den Traditionen St. David's, sich der Entfernung des Bistums zu einem Ort, der sehr günstig für die Organisation einer grossen Diözese wäre, entgegenstellten. Vor allem jedoch, ist sie die Geschichte einer Gemeinde, die seit 1400 Jahren, 800 davon in diesem Gebäude, ununterbrochen am Gottesdienst teilnimmt.

arbed y tŵr rhag cwympo. Gwnaeth hyn yn llwydd-iannus ac yna bu wrthi'n atgyweirio'r gafell, corff yr eglwys a llawer o'r celfi gosod a'u hail-lunio. Rhoddwyd toeon newydd ar y croesfeydd ac eiliau'r côr. Parhawyd â'r gwaith o dan ofalaeth ei fab Oldrid, megis Capel Mair, 1901, ac yna trwy weddill y ganrif gan W. E. Caroe a'i fab A. D. R. Caroe a'i ŵyr M. Caroe.

Nid rhestr amhersonol o ddulliau adeiladu neu gyfres o ddigwyddiadau pensaernïol yw hanes Eglwys Gadeiriol Tyddewi ond hanes dynion wedi cael gweledigaeth gan Dduw ac wedi ceisio mynegi honno mewn un adeilad arbennig. Hefyd, mae'n gymaint o hanes y crefftwyr di-enw a roddodd ystyr i'w dymuniadau ag yw o fwriad yr esgobion, y deoniaid a'r penseiri i adeiladu, ymestyn, adfer a thecáu'r Eglwys Gadeiriol. Mae'n cynnwys hanes yr Esgob Barlow a milwyr y Gymanwlad, a arweiniwyd gan weledigaeth ddiffuant o Dduw i ddinistrio'r hyn y bu eraill yn ei adeiladu. Mae'n hanes am y rhai hynny, a fu, o gariad at ei nawddsant a pharch i draddodiad Tyddewi yn gwrthsefyll ymdrechion i'w symud i fan mwy canolog a fyddai'n fwy addas i weinyddu'r esgobaeth. Yn bennaf oll, mae'n hanes am gymuned sy'n cynrychioli esgobaeth, Cabidwl a phlwyf sydd wedi bod yn addoli yma am bedair canrif ar ddeg, wyth ohonynt yn yr adeilad hwn.

the pulpitum.

The most recent phase in the building history of St. Davids Cathedral, however, opens with Sir Gilbert Scott. His first task, after surveying the building and reporting to the Chapter in 1862, was to prevent the imminent collapse of the tower. Having successfully completed this task, he turned to the repair of the presbytery and nave, the provision of new roofs to the transepts and choir aisles, and the repair and recolouring of many of the fittings. This process was continued under his son Oldrid Scott (the Lady Chapel 1901), and throughout this century by W. D. Caroe, his son A. D. R. Caroe and grandson M. Caroe.

Thus the story of St. Davids Cathedral is not that of an impersonal catalogue of building styles; nor of a succession of architectural events. It is the story of human beings imbued with the vision of God, and seeking to express that vision in one particular building. It is as much the story of those nameless craftsmen who carried out their wishes as it is that of the bishops, deans and architects whose intention it was to build, extend, restore and beautify the Cathedral. It is also the story of Bishop Barlow and those anonymous soldiers of the Commonwealth, whose vision of God, equally sincerely held, led them to destroy where others had built. It is the story too of those who, out of love for the patron saint and respect for the traditions of St. Davids, resisted the removal of the see to a centre more convenient for the administration of a large diocese. Above all, however, it is the story of a community representing diocese, chapter and parish which has worshipped here in unbroken succession for 1,400 years, 800 of them in this building.

2 Tŷ Ddewi yn 1811. Charles Norris.
  St. Davids in 1811. Charles Norris.
  St. Davids en 1811. Charles Norris.
  St. Davids, im Jahre 1811. Charles Norris.

3 Y Tŵr Clychau, y Gadeirlan a Llys yr Esgob yn 1740.
  Bell Tower, Cathedral and Bishop's Palace in 1740.
  Clocher, Cathédrale et Palais de l'Evêque en 1740.
  Glockenturm, Kathedrale und Bischofspalast im Jahre 1740.

THE SOUTH-EAST VIEW OF St DAVIDS CHURCH & PALACE, IN THE COUNTY OF PEMBROKE.

To the Right Reverend Father in GOD.
NICOLAS Lord Bishop of St Davids.
This Prospect is humbly Inscrib'd by
his Lordships most Obedient & Dutiful Servants
Saml. & Nathl. Buck.

THESE venerable Buildings are situated in the Western extremity of ye County, within a Mile of ye Sea, & with-in View (in clear Weather) of ye Irish Hills. They are enclos'd with a Wall of Stone 1100 Yards in Circumfer-ance. In this Close stand ye Cathedral, ye Palace, & ye Houses of ye Dignitaries, some of which are habitable, and others in Ruins. The Entrance is by 4 Gates, ye Principal of which is above delineated, which leads from ye Town. in this Gate ye Bishops formerly held their Courts. The old Church was taken down, & ye Present Cathedral dedi-cated to St Andrew & St David, begun by Bp Peter de Leia A.D. 1180, adorn'd & compleated by his Successors. The Episcopal Palace is a large & Magnificent Stone Ruin, of which now only ye Walls are standing. It was built by Bp Henry Gower about A.D. 1335. There is in it one Hall 88 feet long, & 30 feet broad, another Hall 58 feet long, & 23 feet broad, & ye Apartments were Grand & Noble in Proportion.

Sam.l & Nath.l Buck delin: et Sculp. Publish'd according to Act of Parliament April 5, 1740.

4 *Llys yr Esgob: Capel.*
  Bishop's Palace: Chapel.
  Palais de l'Evêque: la Chapelle.
  Bischofspalast: Die Kapelle.

La Cathédrale et son Entourage

La cathédrale est construite sur le banc de la rivière Alun, laquelle à ce point coule à travers une vallée assez profonde, protégeant le monument contre les forts vents régnant ici. La vue aérienne montre que la cathédrale et ses environs sont entourées par les ruines d'un solide mur. Le but de ce mur, lequel fut construit au 14ième siècle par l'évêque Gower (mort en 1347) était d'entourer et de défendre pas seulement la cathédrale mais aussi les édifices subordonnés à celle-ci et les séparer du reste de la communauté. La longueur du mur est à peu près de 1km200 et à un point du côté sud-est, sa hauteur est de 4.6m., et ici les créneaux et le chemin au-dessus du mur peuvent être vus maintenant. C'est maintenant à la charge du concile gallois qui ont conservé une grande partie de ce mur.

Les environs entourées par le mur sont connues sous le nom de 'Close', l'enceinte. Ceci constitue l'originale cité de la cathédrale; pendant la période médiévale la circonscription en dehors du circuit (la ville actuelle) était connue sous le nom de 'Suburbs'. L'enceinte contient les maisons construites par le clergé qui desservait la cathédrale. Puisque par définition une cathédrale est une église dans laquelle l'évêque du diocèse a son trône (latin 'cathedra') c'est naturel de trouver le palais de l'évêque dans l'enceinte de St. Davids. Il est aussi naturel pour un évêque comme ce fut pendant beaucoup de siècles de déléguer l'office et l'administration de la cathédrale à une personne du clergé connue sous le nom de chapelain, de trouver que les restes des monuments dans l'enceinte sont leurs maisons ou celles de leurs députés, quelques-uns de ces monuments retiennent leurs originales fonctions. Il était possible de rentrer dans l'enceinte par 4 portails, il y en a seulement un maintenant: Porth y Twr.

Porth y Twr (Porte de la tour) fut ainsi nommée parce qu'elle était construite à côté de cette tour octagonale au 14ième siècle. La tour date de la fin du 13ième siècle et était construite comme un clocher détaché. La raison est claire, la cathédrale avec sa basse tour centrale, et construite dans une vallée, n'était pas l'idéal pour des cloches. Au 14ième siècle, il apparut que les cloches furent déplacées au milieu de la tour de la cathédrale, quand l'hauteur de celle-ci fut aggrandie, mais furent déplacées encore une fois plus haut au 16ième siècle. Il est aujourd'hui possible de voir la charpente des cloches médiévale dans le haut de la tour. En 1931, la porte de la tour fur remise en usage, et 50 ans plus tard, il est possible d'entendre le son très fin de 8 cloches. Dans la période intermédiaire, la tradition nous raconte que cette tour octagonale de 2 étages fut utilisée comme cour écclésiastique et bureau de rapport officiel. On pense que probablement il y avait une prison au rez-de-chaussée de la tour,

Die Kathedrale und ihre Umgebung

Die Kathedrale steht am Ufer des Alun Flusses, der hier durch ein ziemlich tiefes Tal fliesst, was das Gebäude deshalb vor den starken vorherrschenden Winden schützt. Das Luftbild zeigt, dass die Kathedrale und ihr Gelände mit den Ruinen einer soliden Mauer umgeben ist. Bischof Gower (gest. 1347) baute die Mauer mit dem Ziel, nicht nur die Kathedrale sondern auch die Gebäude nebenan einzufrieden und zu verteidigen und sie von der Welt zu trennen. Die Mauer hat eine Länge von ungefähr 1000 Meter und steht heute noch an der Südwestseite 5 Meter hoch. Auf der selben Stelle hat sie immer noch einen Festungsmauergang. Die Mauer ist unter Schutz des Walisischen Ministeriums. Sie haben den Mauerkreis zum grössten Teil bewahrt.

Der Bereich innerhalb der Mauer ist als das Domgelände (auf englisch, close) bekannt: Die originale Kathedralgross-stadt, der Bereich ausserhalb des Kreises (d.h. die heutige stadt) war im Mittelalter als "die Vorstadt" bekannt.

Das Domgelände enthält die von den Kathedraldienenden Geistlichen gebauten Häuser. Da eine Kathedrale definitionsgemäss eine Kirche ist, worin der Bischof einer Diözese seinen Thron (lateinisch Cathedra) hat, findet man natürlich auch einen Bischofspalast im Domgelände von St. David's. Da der Bischof seit Jahrhunderten normalerweise das Dienen und die Verwaltung einer Kathedrale einer Gruppe Geistlicher überträgt, die als das Kapitel bekannt sind, findet man natürlich auch, dass die anderen Häuser des Domgeländes diejenigen des Kapitels und ihrer Stellvertreter sind. Einige sind heute noch von Geistlichen bewohnt. Früher ging man durch vier Tore in das Domgelände hinein, wovon nur eines, Porth-y-Twr, überstanden hat.

Porth-y-twr, (Das Turmtor) nimmt seinen Namen von dem oktogonalen Turm, wogegen es im 14. Jahrhundert gebaut wurde. Der Turm geht auf das Ende des 13. Jahrhunderts zurück und wurde als alleinstehender Glockenturm gebaut. Der Grund dafur ist klar: die in einem Tal liegendeKathedrale (des 12. Jahrhunderts) mit ihrem niedrigen Zentralturm, war kein ideales Gebäude für Glocken. Mit dem Erhöhen des Kathedralturms im 14. Jahrhundert wurden die Glocken offensichtlich auf die Dachgeschoss-stufe und dann später im 16. Jahrhundert noch höher im selben Turm übertragen. Ein mittelalterlicher Glockenrahmen bleibt noch auf der obersten Stufe des Turms. Im Jahre 1931 kehrte der Torturm zu seinem originalen Gebrauch zurück und ein schönes Achtglockenspiel läutet heute noch 50 Jahre später aus Porth-y-Twr weiter. In der Zwischenzeit aber, wurde der zweistufige Turm der Tradition nach als Kirchenratsgericht und Dokumentararchiv benutzt.

Das Tor selbst hat offensichlich ein Gefängnis

Y Gadeirlan a'i Hamgylchedd

Saif y Gadeirlan ar lan Afon Alun sy'n llifo yn y fan hon trwy ddyffryn dwfn sy'n cysgodi'r adeilad rhag gwyntoedd cryfion. Dengys llun o'r awyr fod y Gadeirlan a'r ardal gyfagos wedi ei hamgylchynu gan weddillion mur sylweddol. Adeiladwyd y mur yn y bedwaredd ganrif ar ddeg gan yr Esgob Gower (m. 1347) a'i ddiben oedd amgau ac amddiffyn y Gadeirlan a'r adeiladau cynorthwyol a'u gwahanu oddi wrth y byd. Mae'r mur tua deuddeg can llath o hyd ac yn bymtheg troedfedd o uchder ar yr ochr Dde Orllewinol. Yn yr un man, mae rhan uchaf yr amddiffynfa, lle medrai gwylwyr gerdded, yn dal hyd heddiw. Mae'r mur, yn awr, o dan ofalaeth y Swyddfa Gymreig sydd wedi diogelu rhan helaeth ohono.

Y Clôs yw'r enw ar y tir a amgaewyd gan y mur sy'n cynnwys y Ddinas Gadeiriol wreiddiol. Adwaenid yr ardal y tu allan i'r mur (y ddinas bresennol) fel 'Y Faesdref' yn y canol oesoedd. Fe gynnwys y Clôs y tai a adeiladwyd gan y clerigwyr a fu'n gwasanaethu'r Gadeirlan. Diffiniad 'cadeirlan' yw eglwys lle mae gorsedd yr esgob (Lladin 'cathedra'), felly mae'n naturiol fod plas esgob yn y Clôs yn Nhyddewi. Mae'n naturiol hefyd, gan ei bod yn draddodiadol dros y canrifoedd, i esgob rannu gwasanaethu a gweinyddu cadeirlan â chlerigwyr a adwaenid o dan enw torfol Cabidwl (Chapter). Eu cartrefi hwy neu eu dirprwyon yw gweddill yr adeiladau yn y Clôs. Ceidw rhai ohonynt eu diben gwreiddiol hyd heddiw. Gellid mynd i mewn i'r Clôs drwy bedwar porth, ond Porth y Tŵr yn unig sydd ar ôl yn awr.

Enwyd Porth y Tŵr felly, oblegid ei adeiladu yn erbyn tŵr wythochrog yn y bedwaredd ganrif ar ddeg. Adeiladwyd y tŵr ar wahân i gynnal clychau ar ddiwedd y ganrif flaenorol. Y rheswm am hyn oedd fod tŵr canolog isel i Gadeirlan y ddeuddegfed ganrif, a chan ei bod ar waelod dyffryn dwfn nid oedd yn lle addas i gadw clychau. Pan godwyd tŵr y Gadeirlan yn y bedwaredd ganrif ar ddeg, mae'n debyg i'r clychau gael eu symud i'r Llusern, ond codwyd y clychau eto yn yr unfed ganrif ar bymtheg. Ceir fframwaith i ddal clychau o'r canol oesoedd o hyd yn rhan uchaf y Tŵr . Yn 1931, symudwyd y clychau yn ôl i Borth y Tŵr a hanner canrif yn ddiweddarach mae seiniau pêr wyth cloch i'w clywed oddi yno. Yn y cyfamser yn ôl traddodiad, defnyddiwyd y tŵr wythochrog deulawr fel llys eglwysig a swyddfa gofnodion. Ymddengys i'r hen borth gynnwys carchar ynghyd â daeargell ar y llawr is a neuadd y dref uwchben y porth.

Heblaw'r Eglwys Gadeiriol, yr adeilad nesaf o bwys y tu mewn i'r Clôs yw Plas canoloesol yr Esgob. Er ei fod yn adfail mae rhyw odidowgrwydd yn dal ynghlwm wrtho. Y rhan ogledd-orllewinol yw'r hynaf, ond mae rhan Dde Orllewinol y ped-

The Cathedral and its Surroundings

The Cathedral stands on the bank of the river Alun, which at this point flows through a relatively deep valley which thus affords protection to the building from the strong prevailing winds. The aerial view shows that the Cathedral, together with the area around it, is enclosed by the remains of a substantial wall. The purpose of the wall, built in the fourteenth century by Bishop Gower (d. 1347), was to enclose and defend not only the Cathedral but the buildings ancillary to it, and to separate them from the secular world. The wall is about twelve hundred yards in length, and survives at the South West side to about fifteen feet in height; at the same spot it has retained its battlemented wall-walk. It is now in the guardianship of the Welsh Office, who have conserved a substantial portion of the circuit.

The area enclosed by the wall is known as the Close. It constitutes the original Cathedral City; the area outside the circuit (the present city) was known as the 'Suburbs' in the mediaeval period. The Close contains the houses built by the clergy who served the Cathedral. Since a cathedral is by definition a church in which the bishop of a diocese has his throne (Latin 'cathedra'), it is natural to find a bishop's palace in the Close at St. Davids. It is also natural, since it has been customary for many centuries for a bishop to delegate the service and administration of a cathedral to a body of clergy known as a Chapter, to find that the remainder of the buildings in the Close are their houses or those of their deputies; some of these buildings retain their original function. The Close was entered by four gates, only one of which, Porth y Tŵr, now survives.

Porth y Tŵr (The Tower Gate) takes its name from the octagonal tower against which it was built in the fourteenth century. The tower dates from about the end of the thirteenth century and was built as a detached bell tower. The reason is clear: the twelfth century Cathedral, with its low central tower, and set at the bottom of the valley, was hardly ideal to house bells. With the raising of the Cathedral tower in the fourteenth century, the bells appeared to have been transferred to the lantern stage, only to be moved again, but this time upwards, in the sixteenth century. A mediaeval bell frame still remains in the uppermost stage of the Tower. In 1931, the gate tower was put to its original use, and a fine ring of eight bells continues, fifty years later, to ring out from Porth y Tŵr. In the intervening period, however, tradition has it that the two storey octagonal tower was used as a consistory court and record office. The gateway proper appears to have contained a prison on the ground floor, complete with dungeon, with a town hall above the gate chamber.

The building which, after the Cathedral, domin-

complétée avec un cachot, et un hôtel-de-ville au-dessus du porche.

L'édifice le plus important dans l'enceinte, après la cathédrale, est le palais de l'évêque et bien que ce dernier soit maintenant en ruine il est toujours aussi magnifique. La partie nord-ouest apparaît d'être la plus vieille, mais les parties les plus intéressantes sont au sud-ouest où étaient les appartements de l'évêque et au sud-est où la grande salle et la chapelle peuvent être vues aujourd'hui. Quand l'évêque Gower arriva il trouva que les appartements épiscopaux étaient déjà là, il construisit la grande salle et la chapelle pour loger et divertir les pélerins distingués. De-même il construisit une allée au-dessus de tous les appartements, comme celui du château de Swansea et le palais de Lamphey, lesquels sont en connection avec son nom. Cette allée est recouverte de pierres carrées, mauves et blanches, et était construite de manière à ce que l'eau coulerait du toit. Au nord-est du porche, il est maintenant toujours possible de marcher de la partie nord-est du porche à la cour quadrilatère. Le côté sud de l'appartement de l'évêque fut étendu au début du 16ième siècle. Après la Réforme, et une fois que les pélerinages furent cessés le palais tomba en ruines graduellement.

Mais quand l'évêque Guillaume Barlow (1536-48) arriva, le palais tomba en ruine très rapidement car il décida de transferrer l'évêché à Carmarthen et probablement enleva le plomb du toit du palais. A la fin du 16ième siècle, les gens de St. David's disaient, qu'il fut cela pour fournir les dots pour ses 5 filles, lesquelles furent mariées à des évêques, de-même ils disaient qu'une partie d'un toit de cet édifice fut recouvert avec de l'ardoise, quoiqu'il en soit il fut suffisamment réparé pour un rendez-vous des chapelains en 1633, bien qu'en 1616 un permis de démolition fut demandé. Bien que le palais appartient toujours à l'église du Pays-de-Galles, le secrétaire d'Etat en prend soin.

Un plan du 18ième siècle montre qu'alors la plupart des édifices médiévaux étaient intacts à l'intérieur de l'enceinte. Mais depuis, les maisons des doyens et chapelains ont soit été reconstruites ou tombées en complètes ruines, aujourd'hui quelques unes peuvent être vues, et encore moins de ces maisons ont toujours la même fonction.

zusammen mit einem Kerker im Erdgeschoss enthalten, mit einem Rathaus über der Torkammer. Das Gebäude welches, nach der Kathedrale, den Domplatz dominiert, ist der bischöfliche Palast. Auch als Ruine behält er noch etwas Prachtvolles an sich. Der älteste Teil ist die Reihe im Nordwesten. Man interessiert sich am meisten für den Sudwestteil des Innenhofs, wo sich das Bischofsappartement befand, und für die Südostseite, wo man den grossen Saal und die Kapelle noch sehen kann. Bischof Gower fand das Bischofsappartement schon da. Er baute den grossen Saal und die Kapelle für die Unterhaltung und Unterkunft der Pilger von hohem Rang. Dann krönte er die Mauern vom alten und neuen Appartement mit einem unverkennbaren Mauergang, wie man in zwei seiner anderen Gebäuden, im Schloss Swansea und im Palast Lamphey sehen kann. In St. Davids ist der Mauergang, dessen Zweck war, Wasser vom Dach laufen zu lassen, mit einem aus kleinen quadratischen purpur und weissen Stein Karomuster verschönert. In der nordöstlichen Ecke führt das Torhaus immer noch in den Innenhof. Das bischöfliche Appartement wurde im frühen 16. Jahrhundert durch einen Südflügel erweitert. Nach der Reformation und dem Ende der Wallfahrten nach St. Davids verfiel der Palast allmählich zur Ruine. Bischof William Barlow (1536-1548) beschleunigte diesen Prozess. Er wollte die Diözese nach Carmarthen verlegen und aus diesem Grund entfernte er wahrscheinlich das Blei von dem Dach des Palasts. Im späten 16. Jahrhundert schrieb eine feindliche St. David's Tradition diese Tat einem Wunsch zu, Mitgift für seine Töchter zu besorgen, von denen alle fünf einen Bischof heirateten. Die selbe Quelle sagt, dass ein Teil des Gebäudes mit Schieferplatten wieder überdacht wurde; jedenfalls war das Gebäude 1633 für eine Kapitelbesprechung bewohnbar genug, obwohl man 1616 Erlaubnis für die Zerstörung eines grossen Teils des Gebäudes gesucht hatte. Obgleich der Palast der Kirche in Wales gehört, ist er heute unter Schutz des walisischen Ministers.

Ein Plan des Domplatzes aus dem frühen 18. Jahrhundert zeigt, dass der Platz damals den grössten Teil seiner mittelalterlichen Gebäude behielt. Seitdem, jedoch, sind die Häuser des Dekans und Kapitels umgebaut worden oder sind zur Ruine verfallen. Nur einige stehen heute noch und noch weniger erfüllen die Funktion für die sie gebaut wurden.

rongl o ddiddordeb oblegid yno y lleolid ystafelloedd yr esgob a hefyd rhan Dde Ddwyreiniol lle gellir gweld heddiw y Neuadd Fawr a'r Capel. Yr oedd ystafelloedd llety yr esgob mewn bodolaeth erbyn cyfnod yr Esgob Gower. Adeiladodd y Neuadd Fawr a'r Capel fel llety a lle i ddiddanu pererinion o fri. Ar furiau'r hen ystafelloedd llety a'r rhai newydd, dododd fannau cerdded ag arcedau drostynt. Gwelir y dull arbennig hwn mewn dau adeilad arall sy'n gysylltiedig ag ef, sef Castell Abertawe a Phlas Llandyfái. Yn Nhyddewi, ymddengys mai pwrpas y rhodfa fur oedd caniatáu i'r dŵr lifo o'r to. Addurnwyd y rhodfa fur â phatrwm wedi ei wneuthur o gerrig gwyn a phorffor. Yn y rhan Ogledd Ddwyreiniol, gellir mynd drwy'r porth i'r pedrongl. Estynnwyd ystafelloedd llety'r Esgob i'r de yn yr unfed ganrif ar bymtheg. Wedi'r diwygiad Protestannaidd daeth pererindota i Dyddewi i ben ac o ganlyniad, aeth y Plas yn adfail. Cyflymwyd y dirywiad gan yr Esgob William Barlow (1536-1548). Ei amcan ef oedd symud yr esgobaeth i Gaerfyrddin ac yn ôl pob tebyg, dyna paham y dygodd y plwm o do'r Plas. Yn ôl traddodiad gelyniaethus ato yn Nhyddewi ar ddiwedd y ganrif honno, dywedir mai rheswm Barlow dros ddwyn y plwm, oedd rhoi gwaddol i'w bum merch gan eu bod i gyd wedi priodi esgobion. Mae'r un ffynhonnell yn datgan y ffaith i lechi gael eu defnyddio i ail-doi'r Plas; o leiaf, gellid defnyddio'r Plas i gynnal cyfarfod penaethiaid yn 1633, er, yn 1616 ceisiwyd trwydded i'w ddinistrio. Er mai'r Eglwys yng Nghymru yw perchen yr adeilad, mae'r Plas o dan ofalaeth Ysgrifennydd Gwladol Cymru.

Dengys cynllun o'r Clôs yn y ddeunawfed ganrif fod rhan helaeth o'r adeiladau canoloesol yn bod yr adeg honno. Serch hynny, mae tai'r Deon a'r Canoniaid bellach wedi eu hail-adeiladu neu'n adfeilion. Ychydig ohonynt sydd ar ôl a dim ond ambell un o'r rhai hynny a ddefnyddir at y diben gwreiddiol.

ates the Close is the mediaeval Bishop's Palace. Even in its ruined state it retains an air of magnificence. The oldest portion appears to be the northwestern range, but interest centres on the south-west of the quadrangle, where the bishop's apartments were located, and the south-east side where the Great Hall and Chapel are still to be seen. Bishop Gower found the episcopal apartments already in existence; he built the Great Hall and Chapel for the accommodation and entertainment of distinguished pilgrims. He then crowned the walls of both the old and new apartments with a distinctive arcaded wall walk, such as can be seen in two other structures associated with his name—Swansea Castle and Lamphey Palace. In the case of St. Davids, the wall walk, whose purpose appears to have been to allow water to run off the roof, is veneered with a chequerwork pattern made up of small squares of purple and white stone. In the north-east angle the gatehouse still affords access to the quadrangle. The Bishop's apartments were extended by a south wing in the early sixteenth century. After the Reformation, and the cessation of pilgrimage to St. Davids, the Palace gradually fell into ruin. This process was hastened by Bishop William Barlow (1536-1548): he wished to transfer the see to Carmarthen and to that end no doubt, he probably stripped the lead from the Palace roof. Hostile St. Davids' tradition in the later sixteenth century attributed this act to a desire to provide dowries for his five daughters, all of whom married bishops. The same source states that a part of the building was reroofed with slate; at any rate the building was sufficiently habitable to be used for a chapter meeting in 1633, although licence to demolish a large part of it had been sought in 1616. Although still in the ownership of the Church in Wales, the Palace is now in the guardianship of the Secretary of State for Wales.

A plan of the Close made in the early eighteenth century shows that at that date most of the Close retained its mediaeval buildings. Since then, however, the houses of the Dean and Chapter have either been rebuilt or have fallen into complete ruin; only a few now survive, and fewer still perform the function for which they were built.

5 *Yr Eglwys Gadeiriol o'r de-ddwyrain.*
  Cathedral from south-east.
  Côté sud-est de la Cathédrale.
  Kathedrale vom Südost.

6 *Yr Eglwys Gadeiriol a'r Clôs o'r awyr.*
Cathedral and Close from the air.
Vue aérienne de la Cathédrale et son entourage.
Luftansicht der Kathedrale und des Domgeländes.

7 *Mur y Clôs (14eg ganrif).*
Close wall (14th century).
Mur de l'Entourage (14ième siecle).
Mauer des Domgeländes (aus dem 14. Jahrhundert).

8 *Llys yr Esgob o dŵr y Gadeirlan.*
Bishop's Palace: view from Cathedral tower.
Palais de l'Evêque; vu de la tour de la Cathédrale.
Bischofspalast: Blick vom Kathedralturm.

9 *Llys yr Esgob.*
Bishop's Palace
Palais de l'Evêque.
Bischofspalast.

10

10, 11 *Porth y Tŵr.*
The Tower Gateway.
Porche de la Tour.
Turmtor.

11

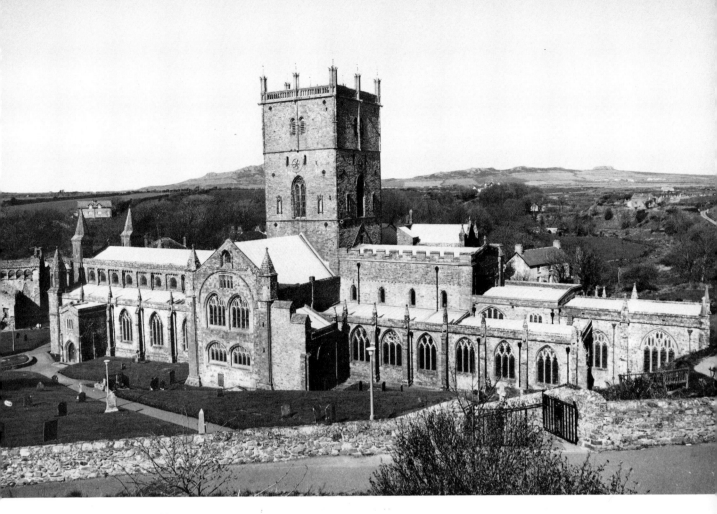

12 *Yr Eglwys Gadeiriol o'r de-ddwyrain.*
   Cathedral from south-east.
   Côté sud-est de la Cathédrale.
   Kathedrale vom Südost.

13 *Porth y Tŵr o'r fynwent.*
   The Tower Gateway from the churchyard.
   Porche de la Tour vu du cimetière.
   Turmtor vom Friedhof.

L'Extérieur de la Cathédrale

Les vues générales extérieures et les vues aériennes montrent que la tour fut construite en 3 fois. Le haut, avec son parapet ouvert et sa tourelle est du début du 16ième siècle, des animaux en plomb furent placés sur la tourelle durant la reconstruction victorienne. Le milieu (contenant 4 grandes fenêtres, chacune flanquée d'une niche de chaque côté), est de style rayonnant; le bois de construction qui le sépare de l'étage le plus bas est embelli par des ornements de fleurs en forme de boules, lesquels étaient très rarement utilisés dans la cathédrale au 14ième siècle. L'horloge est de 1872 et fut payée par des souscriptions publiques; le manque d'horloge du côté nord est attribué au manque de contributions des gens vivant de ce côté. L'étage le plus bas est tout ce qui reste du 12ième siècle et du début du 13ième siècle. Les angles de la façade est, probablement d'avant 1220, sont ornés de lances en bois. Sur les façades est et ouest il y a des traces très claires d'un plissement d'un haut toit. Les six plaques décoratives lesquelles ornent chaque façade de la tour sont en réalité fonctionnelles; elles furent insertées par Sir Gilbert Scott, elles permettent, par leurs liens en métal, de maintenir la tour.

L'extrême simplicité caractérise l'extérieur de la cathédrale. Les murs extérieurs sont générallement en blocage, mais les moellons existant ne sont pas extrêmement décorés; ceci est sans doute dû au climat, lequel détériore rapidement les pierres et ceci peut être vu dans quelques maçonneries victoriennes. Ces pierres, très fines, généralement utilisées en construction étaient extraites à Caerfai ou Caerbwdy sur la proche côte. Les pierres servant à la restauration sont extraites des mêmes carrières. L'édifice retient des traces de plâtre de dates inconnues. L'accroissement du monument, les modifications et extensions au cours des siècles peuvent être vus très clairement. L'apparence extérieure de la cathédrale est due aux très chères améliorations du 14ième siècle et au travail associé avec l'épiscopat d'Edouard Vaughan. Quoiqu'il en soit, en général nous pouvons le voir comme Gilbert Scott le laissa.

Die Aussenseite der Kathedrale

Beide, die allgemeinen Ansichten des Äusseren und das Luftbild, zeigen, dass der Turm in drei Stufen gebaut ist. Die Höchste mit ihrer offenen Brüstung und ihren Fialen ist aus dem 16. Jahrhundert. Die die Fialen krönenden Bleitiere wurden während der viktorianischen Restaurierung dort hingesetzt. Die mittlere, oder die Dachgeschoss-Stufe, die vier hohe Zweilichtfenster enthält, jedes von einem Paar Nischen flankiert, ist in der englischen Gotik. Der Fries, der sie von der unteren Stufe trennt, ist mit Kugelblumenverzierung dekoriert, welche sehr wenig im 14. Jahrhundert in der Kathedrale benutzt wurde. Die Uhr geht auf 1872 zurück und wurde durch Spenden bezahlt. Dass kein Zifferblatt an der Nordseite ist, führt der Tradition nach auf einen Mangel an Spenden aus jener Richtung zurück. Die unterste Stufe ist alles was vom Turm der 12. und frühen 13. Jahrhunderte übriggeblieben ist. Die Winkeln der Ostfassade (Nach 1220?) sind mit Eckpfeilern dekoriert. Es sind sichtbare Spuren von Simsen für ein steiles Dach auf beiden Ost und Westfassaden vorhanden. Die sechs dekorativen Tafeln, die die Fassaden des Turms schmücken, sind eigentlich funktionell: sie sind die Druckplatten der von Sir Gilbert Scott hineingesteckten Metallkuppelstangen, die den Turm zusammenhalten.

Die Aussenseite der Kathedrale ist wegen ihrer Einfachheit merkwürdig. Die äusseren Mauern sind im allgemeinen aus Bruchsteinen. Die existierenden Quadersteinschleifen sind nicht stark geschmückt. Das ist wahrscheinlich wegen des Klimas, welches das Mauerwerk schnell verwittert, wie man es in manchem viktorianischen Bauwerk sieht. Der feine Stein, den man für den Bau meistens benutzte, wurde in Caerfai oder Caerbwdy an der naheliegenden Küste geschlagen und derselbe Steinbruch gibt heute noch Stein zur Restaurierungsarbeit weiter. Das Gebäude enthält immer noch Spuren von Aussenputz eines unbekannten Datums.

Die Vergrösserung des Gebäudes, die Umbaue und Anbaue während der Jahrhunderte kann man deutlich sehen. Das äussere Aussehen der Kathedrale verdankt man der umfangreichen Renovierung im 14. Jahrhundert, zusammen mit der Arbeit während des Episkopats von Bischof Edward Vaughan. Im allgemeinen jedoch sehen wir das Gebäude wie Gilbert Scott es verliess.

Tu allan yr Eglwys

Dengys yr olwg gyffredinol o'r tu allan a'r llun o'r awyr fod y tŵr wedi ei adeiladu mewn tri chyfnod. Adeiladwyd y rhan uchaf ynghyd â'r pinaclau a'r canllaw agored ar ddechrau'r unfed ganrif ar bymtheg. Dodwyd yr anifeiliaid plwm ar ben y pinaclau yn ystod yr adferiad yn Oes Victoria. Mae rhan 'llusern' neu ran ganol y tŵr yn y dull Addurnol ac fe gynnwys bedair ffenestr dal dau-olau ac wrth ochr y ffenestri ceir dau gornelyn. Mae'r llin-gwrs sy'n ei rhannu oddi wrth y rhan isaf wedi ei addurno â ffurfiau blodau pêl. Nis defnyddid yn aml yn y bedwaredd ganrif ar ddeg yn y Gadeirlan. Talwyd am y cloc, sy'n dyddio o 1872, gan gyfraniadau'r cyhoedd. Dywed traddodiad nad oes wyneb ar yr ochr ogleddol oherwydd prinder cyfraniadau o'r cyfeiriad hwnnw. Yr unig ran o'r tŵr sydd wedi goroesi o'r ddeuddegfed a'r drydedd ganrif ar ddeg yw'r rhan isaf. Addurnwyd onglau'r ochr ddwyreiniol (ar ôl 1220 (?)) gan onglau pelydr. Y mae olion clir o grychu ar gyfer to serth ar yr ochrau dwyreiniol a gorllewinol. Diben y chwe phlac sy'n addurno pob ochr o'r tŵr yw cynnal cydbwysedd cwlwm-wiail metel a ddodwyd yno gan Syr Gilbert Scott i ddal y tŵr ynghyd.

Golwg gyffredin iawn sydd ar yr Eglwys Gadeiriol o'r tu allan. Gwnaethpwyd y muriau allanol o rwbel ac nid addurnwyd y cerrig allanol sgwâr mewn modd cywrain. Tybir mai'r rheswm am hyn yw'r tywydd sy'n treulio'r cerrig yn gyflym fel y gwelir yn y gwaith carreg o Oes Victoria. Cloddiwyd y garreg gywrain, a ddefnyddiwyd yn helaeth yn yr adeilad, yng Nghaerfai neu Gaerbwdy ar yr arfordir cyfagos, a defnyddiwyd yr un chwareli i ddarparu cerrig ar gyfer adfer yr adeilad. Gwelir mewn ambell fan olion plastr allanol ond ni wyddys pryd y'i dodwyd yno. Gellir canfod yn glir, dwf, newidiadau ac estyniadau'r adeilad dros y canrifoedd. Mae golwg allanol yr Eglwys Gadeiriol fel y mae oblegid y gwaith adfer eang a wnaethpwyd yn y bedwaredd ganrif ar ddeg ynghyd â'r gwaith a gysylltwyd ag esgobaeth Edward Vaughan. Er hynny, fe'i gwelir yn gyffredinol fel y'i gadawyd gan Syr Gilbert Scott.

Cathedral Exterior

Both the general views of the exterior and the aerial photograph reveal that the tower is constructed in three stages. The upper, with its open parapet and pinnacles is of the early sixteenth century; the lead animals crowning the pinnacles were placed there during the Victorian restoration. The middle or lantern stage, containing four tall two-light windows, each flanked by a pair of niches is in the Decorated style; the string course dividing it from the lowest stage is embellished with ball-flower ornament which was, in fact, very rarely used in the fourteenth century in the Cathedral. The clock dates from 1872, paid for by public subscription; the lack of a face on the north side is attributed by tradition to a lack of contributions from that direction. The lowest stage is all that survives of the twelfth and early thirteenth century tower. The angles of the east face (post 1220 (?)) are adorned with angle shafts. There are clear traces on both the East and West faces of creasing for a high pitched roof. The six decorative plaques which adorn each face of the tower are in reality functional; they are the pressure plates of the metal tie rods inserted by Sir Gilbert Scott to hold the tower together.

The exterior of the Cathedral is characterised by extreme plainness. The external walls are generally of rubble, but the ashlar dressings that do exist are not highly decorated; this is no doubt due to the climate, which rapidly weathers the stonework as can be seen in some of the Victorian masonry reveals. The fine stonework generally used in the building was quarried in Caerfai on the nearby coast, and the Caerbwdi quarry where Scott derived his stone, continues to provide material for restoration. The building still retains traces of external plaster of unknown date. The growth of the building, the alterations and extensions undertaken over the centuries, can clearly be seen. The external appearance of the Cathedral is due to extensive refurbishing in the fourteenth century together with the work associated with the episcopate of Edward Vaughan. In general, however, we see it as Gilbert Scott left it.

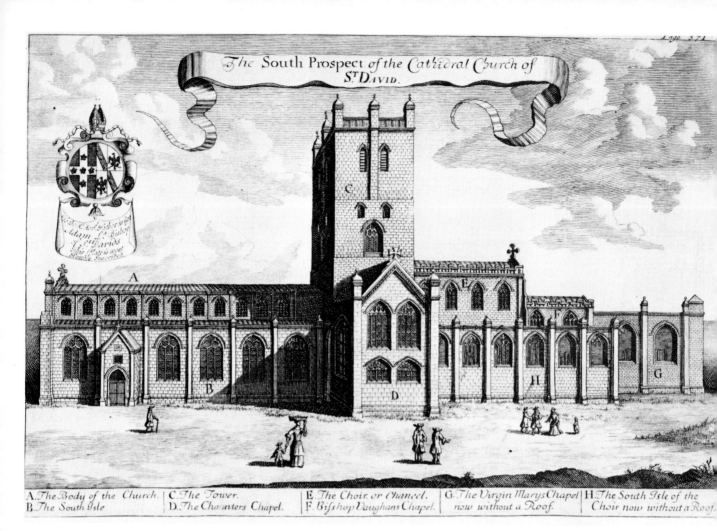

The South Prospect of the Cathedral Church of St. David.

A. The Body of the Church.
B. The South Isle

C. The Tower.
D. The Chaunters Chapel.

E. The Choir, or Chancel.
F. Bishop Vaughans Chapel.

G. The Virgin Marys Chapel now without a Roof.

H. The South Isle of the Choir now without a Roof.

14 Yr Eglwys Gadeiriol c. 1720 gan Joseph Lord.
 Cathedral c. 1720 by Joseph Lord.
 La Cathédrale: près 1720 env. par Joseph Lord.
 Kathedrale zirka 1720, gezeichnet von Joseph Lord.

15 Yr Eglwys Gadeiriol c. 1801 gan Colt Hoare.
 Cathedral c. 1801 by Colt Hoare.
 La Cathédrale: près 1801 env. par Colt Hoare.
 Kathedrale zirka 1801; gezeichnet von Colt Hoare.

16 Y Tŵr a'r Groes Ddeheuol.
Tower and South Transept.
Tour et Sud Transept.
Turm und Südquerschiff.

Façade Ouest

La vue victorienne, laquelle apparut probablement dans les années 1870 montre l'état de délabrement atteind dans le palais de l'évêque et la restauration de Scott. Il est clair que le travail fut plus complété sur la façade est, la façade ouest étant comme en 1793, travail de John Nash. Le dessin par Pugin, le dessinateur Nash et père du fameux architecte, révèle clairement que le problème d'emplacement et de défectueuse construction lesquels avaient tourmenté les arcades de la nef, étaient aussi présents ici. Les annotations de Nash à propos du dessin nous raconte que la façade est penchée de 50 cm et fut bougée extérieurement 1½cm par année. Majeures restaurations devaient être faites et son dessin montre clairement avec quelle habileté et efficacité il stoppa le mouvement de celle-ci. La plupart de la façade ouest (ses pignons furent changés fin 15ième début 18ième) fut conservée car il semble que seulement l'allège de la fenêtre fut construit. Nash nous raconte qu'il n'était pas possible de démolir le mur ouest de l'intérieur ni les parties ouest des arcades car ces derniers étaient supportés par le mur ouest. Chaque étage avait une fenêtre, il les remplaça par une grande fenêtre couvrant les 2 étages laquelle fut probablement prise des ruines de la chapelle St. Marie. Le style gothique de Nash était électique (premier exemple de la renaissance gothique) et aujourd'hui nous semble toujours aussi attractif mais malheuresement ce style semble se démoder. Quoiqu'il en soit les victoriens n'aimaient pas son style, ils étaient très sérieux à propos de leur architecture gothique et voulaient seulement accorder le propre style. Ils disaient de son travail: "composition abominable", "tristes insuffisances", "confusion sans espoir".

L'idée de remplacement pour la façade ouest fut de James Allen (doyen de 1878-97), laquelle fut construite en mémoire de Connop Thirlwall qui était un historien très distingué et évêque de St. Davids de 1840 à 1874 et fut responsable pour la restauration de Scott. L'image montrant Allen, Scott, Basil Jones, le successeur de Thirlwall, et Freeman (historien de la cathédrale) fut pobablement le rendez-vous pour décider du destin du travail de Nash. Les pierres utilisées par Nash s'écaillèllent énormément.

Le travail de Scott n'est pas basé sur le dessin de Grose mais celui de Pugin lequel était fait pour Nash, parce qu'il montre une rangée de fenêtres arrondies à l'étage supérieur. La statue de Connop Thirlwall est au-dessus de la porte ouest.

Scott utilisa le grès de Cambrian avec lequel la plupart de la cathédrale est construite, mais ce dernier est d'un mauve plus profond.

Die Westfront

Die in den 1870 er Jahren gemachte Aufnahme zeigt nicht nur den schlechten Zustand des Bischofspalasts sondern auch die Mitte der Scott Restaurierung. Das Bauwerk ist am Ostarm meistens fertig aber die Westfront ist immer noch diejenige, die im Jahre 1793 von John Nash errichtet wurde. Die Zeichnung von Pugin, Nashes Zeichner und Vater des berühmten Architekts zeigt deutlich, dass die Probleme der Baustelle und der Konstruktionsdefekte, die die Haupschiffsarkaden verfolgt hatten, auch hier zu finden waren. Nashes Anmerkungen auf der Zeichnung sagen uns, dass die Westfront fast drei Meter schief war und bewegte sich jedes Jahr einen Zentimeter nach aussen.

Grosses Rettungsbauwerk war nötig und die Zeichnung zeigt, wie er in geschickter Art der Bewegung entgegenwirkte.

Vieles der, Urwestfront des 12. Jahrhunderts deren Giebel im späten 15. oder frühen 16. Jahrhundert umgebaut worden war, wurde behalten, da nur der Wiederaufbau des Teiles über dem Fenstersims scheinbar übernommen worden war. Nash selbst erzählt uns, dass er die innere Westfrontwand und die westlichen Teile der Arkaden nicht entfernen konnte, da allein die westliche Wand sie unterstützte. Er ersetzte die zwei Fensterstufen durch ein grosses Fenster, indem er die Fenster der damaligen zerstörten Kollegiumkapelle der Heiligen Maria dafür beraubte. Der eklektische gotische Stil von Nash, ein frühes Beispiel der Gotischen Renaissance kommt uns heute reizvoll vor und wir beklagen ihren Verlust. Die Viktorianer aber nicht. Sie nahmen ihre Gotische Architektur sehr ernst under erkannten nur "Korrekten Stil". Ihrer Meinung nach, war Nashes Bauwerk eine "scheussliche Konstruktion" ein "unmöglicher Haufen" bedauerliche Schwäche" hoffnungsloses Durcheinander." Die Iniiative für eine neue Westfront kam von James Allen, (Dekan 1878-97). Sie sollte ein Denkmal für Connop Thirlwall, den berühmten Historiker und Bischof von St. David's (1840-74) sein. Wir haben ihm die Scott Restaurierung zu verdanken. Es kann deshalb wohl sein, dass das Bild, welches Allen, Scott, Basil Jones, Thirwells Nachfolger und Freeman, den Historiker der Kathedrale zeigt, eine "Baustellen Konferenz" ist, um das Schicksal des Bauwerks von Nash zu besiegeln.

Der Stein, welcher Nash benutzte, war auch schwer abgebröckelt. Scotts Bauwerk in der Westfront scheint nicht auf den Druck von Grose basiert, sondern auf die mass-stabgerechte Zeichnung der von Pugin für Nash bereiteten, originalen Front, da sie eine Reihe rundköpfiger Fenster auf der oberen Stufe zeigt.

Die Statue von Connop Thirlwall steht in einer Nische über dem Westtor.

Scott benutzte den kambrischen Sandstein, woraus die Kathedrale zum grössten Teil gebaut ist, aber er ist aus einem tieferen Purpur.

Yr Wyneb Gorllewinol

Dengys y llun o Blas yr Esgob a dynnwyd yn y 1870au nid yn unig ran o waith adfer Scott ond dadfeiliad y Plas. Dengys fod y gwaith ar yr ochr ddwyreiniol wedi ei orffen ond yr un yw'r wyneb gorllewinol a adeiladwyd yn 1793 gan John Nash. Mae'r llun gan Pugin, cynllunydd Nash a thad y pensaer enwog, yn dangos fod y problemau a gysylltwyd â'r lleoliad a'r adeiladu gwallus ac a oedd yn creu'r fath boen ynglŷn ag adeiladu pen corff yr eglwys yn bresennol yma hefyd. Dywed glosiau Nash ar gynllun Pugin fod yr wyneb gorllewinol lathen namyn modfedd o'r wir fesur ac yn symud allan hanner modfedd bob blwyddyn. Felly, yr oedd angen gwaith cynnal sylweddol, a dengys ei gynllun y modd celfydd ac effeithiol y medrodd wrthweithio'r symudiad. Cadwyd rhan helaeth o'r wyneb gorllewinol gwreiddiol (y ddeuddegfed ganrif) er i'r tâl maen gael ei addasu ddiwedd y bymthegfed ganrif neu ddechrau'r ganrif ddilynol. I bob golwg, ailadeiladwyd yn unig y rhan a oedd yn uwch na sil y ffenestr. Dywed Nash ei hun wrthym na fedrai dynnu i lawr y mur gorllewinol mewnol a rhannau gorllewinol yr arcedau oblegid y mur gorllewinol yn unig â'u cynhaliai. Newidiodd y ddwy res o ffenestri am un ffenestr fawr gan ddwyn olinwaith ffenestr Capel Coleg y Santes Fair, a oedd yn ymddadfeilio erbyn hynny i gyflawni'i bwrpas. Y mae arddull Nash a fenthyciwyd o'r dull Gothig, yn enghraifft gynnar o'r adfywiad Gothig, yn ymddangos yn brydferth i ni heddiw ac mae'n drueni ei cholli. Ond gwahanol oedd sylwadau pobl Oes Victoria. Yn eu tyb hwy, oblegid eu bod yn cymryd pensaernïaeth Gothig o ddifrif, y dull 'cywir' oedd yr unig un a oedd yn dderbyniol iddynt. Mae eu sylwadau yn cadarnhau hynny megis 'gwaith gwarthus', 'pentwr anobeithiol', 'diffygion trist' a 'cymysgaeth anobeithiol'.

James Allen, y Deon o 1878 hyd 1897, a gafodd y syniad o ailadeiladu'r wyneb gorllewinol fel cofeb i Connop Thirlwall, yr hanesydd o fri ac Esgob Tyddewi o 1840 hyd 1874, a anogodd waith adfer Scott. Efallai mai darlun o gyfarfod i selio ffawd gwaith Nash yw hwnnw sy'n cynnwys Allen, Scott, Basil Jones, olynydd Thirlwall a Freeman, hanesydd y Gadeirlan. Yr oedd y garreg a ddefnyddiwyd gan Nash yn treulio'n ddrwg.

Seiliwyd gwaith Scott yn yr wyneb gorllewinol yn ôl pob tebyg ar ddarlun Pugin a baratowyd ar gyfer Nash ac nid ar gynllun Grose gan ei fod yn dangos ffenestri pengrwn yn y rhan uchaf. Dodwyd cerflun o Connop Thirlwall yn y cornelyn uwchben y drws gorllewinol.

Defnyddiodd Scott dywodfaen Gambriaidd oblegid adeiladwyd y rhan fwyaf o'r Eglwys Gadeiriol ohoni ond perthyn iddi liw porffor dyfnach.

The West Front

The Victorian view, taken probably in the 1870's shows not only the state of dilapidation to which the Bishop's Palace had attained, but the Scott restoration in mid course. Work has clearly been completed on most of the Eastern arm, but the West front is still that erected in 1793 by John Nash. The drawing by Pugin, Nash's draughtsman, and father of the famous architect, clearly reveals that the problems of site and faulty construction which had bedevilled the nave arcades were also present here. Nash's annotations on the drawing tell us that the West front was two feet and eleven inches out of true and was moving outwards at the rate of half an inch a year. Clearly major rescue work was required, and his drawing reveals the ingenious and effective way in which he countered the movement. Much of the original (twelfth century) West front, whose gable had already been altered in the late fifteenth or early sixteenth century, was retained, since rebuilding only of the portion above the sill of the window appears to have been undertaken. Nash himself informs us that he was unable to take down the internal West wall and the western portions of the arcades, since it was only the West wall that supported them. He replaced the two tiers of windows with one large window, robbing, it seems, the windows of the then ruined St. Mary's College Chapel of their tracery for the purpose. Nash's admittedly eclectic Gothic style, an early example of the Gothic revival, appears attractive to us today, and there is room to mourn its loss. Not so the Victorians. They took their Gothic architecture very seriously, and would only admit 'correct' style. Their views on Nash's work were expressed in terms such as 'execrable composition', a 'hopeless conglomeration', 'sad deficiency', 'hopeless confusion'.

The initiative for the replacement of the West front came from James Allen, (Dean 1878-97). It would be a memorial to Connop Thirlwall, the distinguished historian and Bishop of St. Davids (1840-74), owing to whose encouragement the Scott restoration took place. It may well be, therefore, that the view showing Allen, Scott, Basil Jones, Thirlwall's successor, and with Freeman, the historian of the Cathedral, also in the picture, is the 'on-site meeting' to seal the fate of Nash's work. It was also the case that the stone used by Nash had flaked badly.

Scott's work in the West front appears to be based not on the Grose print, but on the scale elevation drawing of the original front prepared by Pugin for Nash, since it shows a range of round-headed windows in the upper stage. Connop Thirlwall's statue is placed in the niche above the West door.

Scott used the Cambrian sandstone from which the Cathedral is largely built, but here it is far more purple in colour.

17 *Y Gadeirlan a'r Llys o'r gorllewin cyn 1791 gan Pugin.*
Cathedral and Palace from west before 1791 by Pugin.
Côté ouest de le Cathédrale et du Palais avant 1791 par Pugin.
Kathedrale und Palast vom Westen vor 1791; gezeichnet von
Pugin.

18 *Y Talcen Gorllewinol cyn 1791 gan Grose.*
West Front pre 1791 by Grose.
Façade ouest avant 1791 par Grose.
Westfront vor 1791; gezeichnet von Grose.

19 *Y Talcen Gorllewinol cyn 1791 gan Sparrow and Cooper.*
   West Front before 1791 by Sparrow and Cooper.
   Façade ouest avant 1791 par Sparrow et Cooper.
   Westfront vor 1791; gezeichnet von Sparrow und Cooper.

20 *Y Talcen Gorllewinol cyn 1791 gan Pugin.*
   West Front before 1791 by Pugin.
   Façade ouest avant 1791 par Pugin.
   Westfront vor 1791; gezeichnet von Pugin.

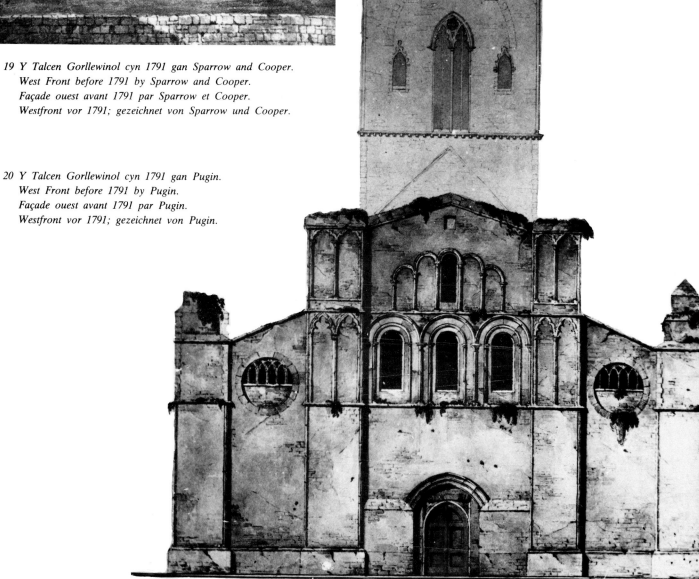

WEST·ELEVATION·OF·THE·CATHEDRAL·OF·SAINT·DAVIDS·IN·ITS·ORIGINAL·STATE·

21 Corff yr Eglwys a'r Talcen Gorllewinol cyn 1791 gan Pugin.
   Nave and West Front before 1791 by Pugin.
   Nef et façade ouest avant 1791 par Pugin.
   Hauptschiff und Westfront vor 1791; gezeichnet von Pugin.

22 Y Talcen Gorllewinol a godwyd gan Nash: c. 1880.
   Nash West Front: c. 1880.
   Façade ouest de Nash: 1880 env.
   Die Westfront; Entwurf von Nash, zirka 1880.

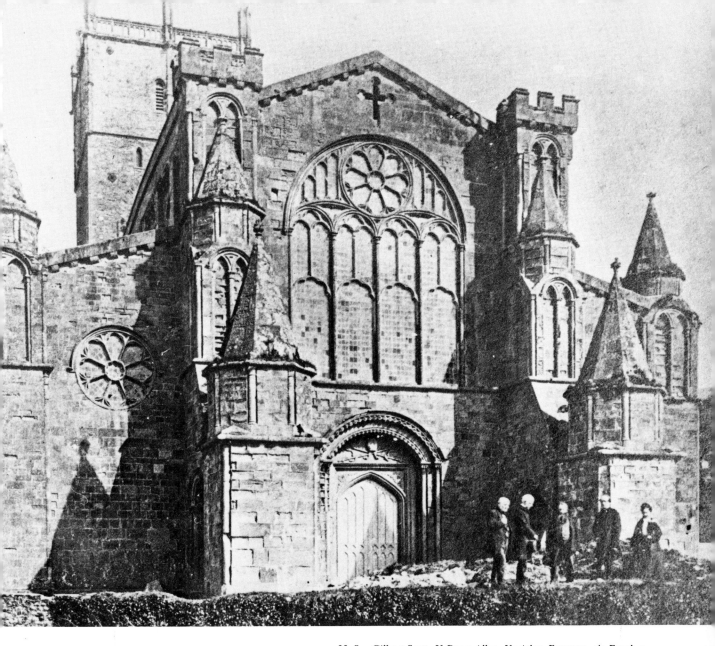

23 Syr Gilbert Scott, Y Deon Allen, Yr Athro Freeman, a'r Esgob a
Mrs. Basil Jones o flaen Talcen Gorllewinol Nash, c. 1878.
Sir Gilbert Scott, Dean Allen, Professor Freeman, Bishop and
Mrs. Basil Jones in front of the Nash West Front, c. 1878.
Sir Gilbert Scott, Doyen Allen, Professeur Freeman, Evêque et
Mrs. Basil Jones devant la façade ouest de Nash, env. 1878.
Sir Gilbert Scott, Dekan Allen, Professor Freeman, Bischof und
Frau Basil Jones vor der Nash Westfront, zirka 1878.

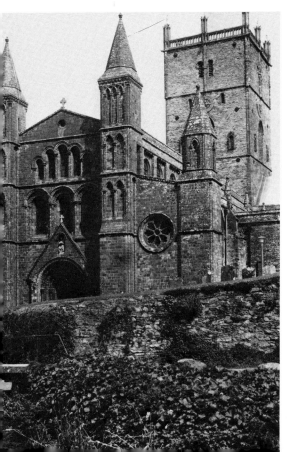

24 Y Talcen Gorllewinol presennol.
Present West Front.
Actuelle façade ouest.
Die heutige Westfront.

43

Intérieur de la Cathédrale

L'extérieur de la cathédrale ne nous donne aucune idée de sa décoration intérieure, spécialement celle de la nef. L'aspect de la nef d'aujourd'hui est plus par accident que par projet, surement différent du 12ième siècle. Tout ceci est du au change écclésiastiques, à la mauvaise construction, au vandalisme et à la restauration. Quand le Révérant John Parker vu la nef en 1836, elle était médiévale, n'avait pratiquement pas de bancs ni d'équipement, lesquels furent apportés après la restauration de Scott et au milieu du 20ième siècle. La clarté de la lumière et les subtiles couleurs de la pierre, lesquelles sont de grande importance pour l'atmosphère de cathédrale, sont dues au vandalisme. Au 17ième siècle les vitraux furent détruits et ceux de l'allée ne furent pas remplacés, les fenêtres de l'ouest dans le centre et côte de l'allée furent remplacées au 20ième siècle. En 1630, l'intérieur de la cathédrale fut peint blanc et ceci recouvra quelques peintures sur les murs. Au siècle dernier l'intérieur fut nettoyé et le plâtre enlevé, ceci révéla quelques unes de ces peintures lesquelles peuvent être vues sur quelques piliers. La rare perspective de la nef est due à l'affaissement du sol et au mouvement extérieur des arcades. Le sol de marbre du 19ième siècle exagère l'affaissement et le mouvement extérieur des arcades est du aux mauvaises fondations. A cause de ce mouvement le mur nord devait être soutenu par des arcs-boutant construits au début du 16ième siècle. Au même moment le toit fut abaissé et un plafond sculpté fut posé. La partie est de la nef a probablement toujours été bloquée par un mur de séparation mais celui du 14ième siècle s'étend largement dans la nef. Quoiqu'il en soit un trait original de la nef est l'estrade devant ce mur. Durant le 19ième siècle, trois tombes furent découvertes dans cette estrade, une fut probablement celle de l'évêque Pierre De Leia lequel commença cette église 800 ans auparavant.

La nef est de 6 travées et son centre et bas-côtés sont séparés par des arcades de style de Transition. Ceci est compatible avec la date de 1180 donnée dans la chronique latine galloise pour la 'démolition de l'église de Menevia' et le commencement du 'nouveau travail'. Les piles, alternativement rondes et octagonales, sont massives à certaines sections et plutôt largement séparées; elles nous rappellent, avec ses chapitaux en forme de coquille, comme les arches qu'elles supportent, le style roman. Les ornements de quelques uns des chapitaux, la forme des piles et les ornements des arches clairement attendaient le début du style anglais (gothique), lequel était déjà en vogue ailleurs en Grande-Bretagne. Quoiqu'il en soit il y a d'étroites parallèles entre le travail du 12ième siècle à St. Davids et celui d'autres majeures églises du sud-ouest de la Grande-Bretagne. Les piles, les arches, le triforium, la clair-étage et l'allée de la nef sont généralement construites en forme de moellons finement coupés et

Das Innere der Kathedrale

Das einfache Äussere der Kathedrale täuscht über die Pracht der besonders im Hauptschiff inneren Dekoration hinweg. Das heutige Aussehen des Hauptschiffs jedoch verdankt mehr dem Zufall als der Absicht; es ist bestimmt anders als die Bauwerker des 12. Jahrhunderts es beabsichtigten. Eine wandelnde kirchliche Mode, schlechter Bauwerk, Vandalismus und Restaurierung sind alle zusammengekommen, das zu schaffen. Als Pfarrer John Parker das Hauptschiff 1836 sah behielt es, ohne Kirchenbanken und Ausstattung, eine mittelalterliche Atmosphäre: diese wurden nach der Scott Restaurierung und in der Mitte des 20. Jahrhunderts hineingebracht. Die Klarheit des Lichts und die feinen Farben des Steinwerks, wichtige Bestandteile der einzigartigen Atmosphäre der Kathedrale und deshalb sehr bewundernswert, sind zum grössten Teil dem Vandalismus zu verdanken. Im 17. Jahrhundert wurden die Wappenbuntglasfenster zerstört und wenigstens im Fall der Seitenschiff-Fenster nicht ersetzt. Die Westfenster in den Mittel und Seitenschiffen sind glückliche Einsetze des 20. Jahrhunderts. Im Jahre 1630 wurde das Innere der Kathedrale getüncht, indem manche Wandmalereien gedeckt wurden. Im vorigen Jahrhundert wurde das Innere abgekratzt und der Putz entfernt und ein paar Wandmalereien blieben übrig. Man sieht diese jetzt an einigen Säulen. Die aussergewöhnliche Perspektive im Hauptschiff ist dank zweier Faktoren, ein Abfall des Bodens und eine Bewegung der Arkaden nach aussen. Der aus dem 19. Jahrhundert Marmorboden verstärkt den ersten Faktor und der letzte ist wegen des unzureichenden Fundaments. Diese Bewegung, die durch den Druck des frühen steilen Dachs wahrscheinlich verstärkt ist, führte zum Abstützen der Nordwand und zum Aufbau von Strebebögen im frühen 16. Jahrhundert. Zur gleichen Zeit wurde das Dach niedriger gemacht, wieder aufgebaut mit Ankerbalken und Giebelsäulen, befestigt mit Schwalbenschwanzverbindungen und der Raum darunter mit der geschnitzten Decke gefüllt. Das Ostende des Hauptschiffs war wahrscheinlich durch einen Lettner blockiert, aber das heutige Pulpitum aus dem 14. Jahrhundert erstreckt sich weit in das Hauptschiff hinein. Ein besonderes Merkmal des Hauptschiffs ist, wie die Füsse der östlichen Pfeiler der Arkade zeigen, das Podium vor dem Pulpitum. Während der Restaurierung im 19. Jahrhundert wurden drei Grabstätten darin gefunden. Die mittlere war wahrscheinlich diejenige des Bischofs Peter de Leia, der vor 800 Jahren diese Kirche begann. Das Hauptschiff hat sechs Abteilungen und besteht aus einem Mittel—und zwei Seitenschiffen, die in dem Übergangsstil von der Arkade getrennt sind. Dies entspricht dem Datum 1180 (?) das man in der walisischen lateinischen Chronik für "die Zerstörung der Kirche Menevia" und den Beginn "des

Tu mewn yr Eglwys Gadeiriol

Mae'r olwg gyffredin sydd ar du allan y Gadeirlan yn rhoi argraff anghywir o gyfoeth yr addurniad cyfoethog sydd oddi mewn, yn enwedig yng nghorff yr eglwys. Nid cynlluniau ond cyfres o ddigwyddiadau, megis newidiadau mewn dulliau eglwysig, anghymwyster adeiladu, fandaliaeth ac adferiadau sydd wedi cynllwynio i roi'r olwg bresennol ar gorff yr eglwys. Mae'n sicr ei bod yn dra gwahanol i'r hyn a amcanwyd gan adeiladwyr y ddeuddegfed ganrif. Pan welodd y Parch. John Parker gorff yr eglwys yn 1836, yr oedd y naws canoloesol yn parhau gan nad oedd nemor ddim seddau na chelfi gosod. Dodwyd y rhain yno ar ôl gwaith adfer Scott ac yng nghanol yr ugeinfed ganrif. Fandaliaeth sydd i gyfrif yn bennaf am y golau clir a lluniau cain y gwaith carreg sy'n rhan hanfodol o awyrgylch unigryw y Gadeirlan ac yn destun edmygedd. Dinistriwyd gwydr lliw herodrol y ffenestri yn yr ail ganrif ar bymtheg ac nid adnewyddwyd hwn yn ffenestri'r eiliau. Gosodiadau o'r ugeinfed ganrif yw'r ffenestri yn yr eiliau ar y canol ac ar yr ochr. Yn 1630, gwyngalchwyd tu mewn y Gadeirlan a gorchuddiwyd nifer o furluniau. Symudwyd y plastr a chrafwyd y tu mewn yn ystod y ganrif ddiwethaf a daethpwyd o hyd i ychydig o furluniau. Gwelir y rhain yn awr ar rai o'r colofnau. Mae dau ffactor i gyfrif am yr olygfa anarferol yng ngorff yr eglwys — cwymp yn y ddaear a symudiad allanol yr arcedau. Mae llawr marmor y ganrif ddiwethaf yn gorbwysleisio'r cwymp a seiliau annigonol sydd i gyfrif am y symudiad. Canlyniad y symudiad a ychwanegwyd gan bwysau'r to serth cynnar oedd defnyddio offer i gynnal y mur gogleddol ac adeiladu bwtresi adeiniog yn yr unfed ganrif ar bymtheg. Ar yr un adeg gostyngwyd y to a'i ailadeiladu gan gynnwys trawstiau cwlwm a phrif byst wedi eu diogelu trwy ddefnyddio asiadau tryfal. Llanwyd y gwagle oddi tano â'r nenfwd cerfiedig. Mae'n debyg y caewyd pen dwyreiniol corff yr eglwys â sgrin ond mae'r pulpitum presennol o'r bedwaredd ganrif ar ddeg yn ymestyn cryn dipyn i gorff yr eglwys. Nodwedd wreiddiol o gorff yr eglwys er hynny, fel y dengys sylfeini colofnau dwyreiniol yr arcedau, yw'r esgynlawr o flaen y pulpitum. Yn ystod adferiad y bedwaredd ganrif ar bymtheg darganfuwyd tri bedd yno a thybiwyd mai'r un canol oedd bedd Peter de Leia a sylfaenodd yr eglwys hon wyth can mlynedd yn ôl. Cynnwys corff yr eglwys chwe chilfach ac eiliau ar y canol a'r ochr a rennir gan arcedau yn y dull Trawsnewidiol. Mae hyn yn gyson â'r dyddiad 1180(?) a grybwyllwyd yn y Cronicl Lladin Cymreig am ddifa'r eglwys ym Mynyw 'a dechrau'r gwaith newydd'. Mae'r colofnau enfawr sy'n grwn ac yn wythochrog bob yn ail â thipyn o le rhyngddynt. Mae'r bwâu a gynhaliant a chapanau'r colofnau â'u hymylon bylchog yn dwyn i gof y dull Rhufeinig (Normanaidd). Er hynny, mae

The Interior of the Cathedral

The plain exterior of the Cathedral belies the richness of the internal decoration, especially in the nave. The present-day appearance of the nave, however, owes more to accident than to design; it is certainly different from that intended by the twelfth century builders. Changes in ecclesiastical fashion, incompetence in construction, vandalism and restoration have all conspired to bring this about. When the Reverend John Parker saw the nave in 1836 it retained a mediaeval air, being almost devoid of pews and fittings; these were largely introduced after the Scott restoration and in the mid twentieth century. The clarity of the light and the subtle colours of the stonework, vital ingredients of the unique atmosphere of the Cathedral and on that account much admired, are both due in great part to vandalism. In the seventeenth century the heraldic stained glass in the windows was destroyed and at least in the case of the aisle windows, not replaced; the western windows of the nave are happy twentieth century insertions. In 1630 the interior of the Cathedral was whitewashed throughout, covering a number of mural paintings. The interior was scraped and the plaster removed in the last century, revealing a few surviving wall-paintings; these are now to be seen on some of the pillars. The unusual perspective in the nave is due to two factors: a fall in the ground and outward movement of the arcades. The marble nineteenth century floor exaggerates the former and the latter is due to inadequate foundations. This movement, probably increased by the thrust of the early steep roof, led to the propping of the north wall and the construction of flying buttresses in the early sixteenth century. At the same time the roof was lowered, reconstructed with tie beams and king posts secured by dovetail joints and the space below filled with the carved ceiling. It is probable that the east end of the nave was always blocked by a screen, but the present fourteenth century pulpitum extends a considerable distance into the nave. An original feature of the nave, however, as the bases of the eastern piers of the arcade reveal, is the dais before the screen. During the nineteenth century restoration three graves were discovered in it; it is likely that the centre one may have been that of Bishop Peter de Leia who began this church 800 years ago.

The nave is of six bays and consists of a centre and side aisles separated by arcades in the Transitional style. This is consistent with the date of 1180 (?) given in the Welsh Latin Chronicle for the 'demolition of the church of Menevia' and the commencement of the 'new work'. The piers, alternatively round and octagonal, are massive in section and rather widely spaced; they recall, with their scalloped cushion capitals, as do the arches which they support, the Romanesque (Norman) style. The ornament on some of the capitals, however, together

joints. La pierre est en grès de Cambrian, extrait de Caer-fai et Caerbwdi sur les falaises sud-est de St. Davids; pierres utilisées pour récentes restaurations dérivent de la même source.

L'architecte de cette partie du monument est inconnu mais il y a des raisons pour questionner ses capacités d'ingénieur. Son plan original apparait d'avoir entrainé la mise en place et construction des murs extérieurs de la nef, y compris la dernière arche ouest. La base piles de cette arche et la base des voûtes dans l'allée sont d'un caractère plus âgé que celles des arches des piles. Les arches apparaissent d'avoir été construites ouest pour rencontrer cette dernière arche. Bien qu'ils aient vaincu l'effondrement en construisant chaque pile plus longue que celle de l'est (prenant la précaution que le bois de construction soit horizontal) les chapitaux de la dernière paire de piles sont plus bas que ceux de la dernière arche. De même les piles étaient trop près du mur ouest et l'arcade mal construite. La solution pour ce problème peut être vu aujourd'hui dans les arches ouest lesquelles sont difformes, elles ne sont ni rondes ni pointues.

neuen Aufbaus'' gibt.

Die abwechselnd runde und oktogonale Pfeiler sind massiv im Schnitt und ziemlich weit auseinander gesetzt. Mit ihren ausgebogenen Polsterkapitellen rufen sie den normannischen Stil zurück, als auch die Bögen, die sie stützen. Die Ornamente an einigen der Kapitellen, zusammen mit der Form der Pfeilerfüsse und die Ornamentierung der Bögen ähnelt dem gotischen Stil, der in anderen Teilen Britanniens schon in Mode gekommen war. Es sind aber nahe Parallelen zwischen dem Bauwerk aus dem 12. Jahrhundert in St. Davids und in anderen grossen Kirchen in Südwestbritannien. Die Pfeiler, Bögen, das Triforium und im allgemeinen der Lichtgaden und Mittelgang des Hauptschiffs sind aus feinverbundenem, wohlgehauenem Bruchstein. Der Stein ist ein kambrischer Sandstein, der in Caerfai und Caerbwdi an der Küste südöstlich von St. David's gehauen wurde. Der in der neuesten Restaurierung benutzte Stein ist von der selben Quelle.

Der Architekt dieses Gebäudeteils ist unbekannt aber man hat Gründe, seine Baufähigkeiten in Frage zu stellen. Sein originaler Plan scheint das Anordnen und der Bau der Aussenwände des Hauptschiffs einschliesslich der Strebepfeiler gewesen zu sein. Die Strebepfeilerfüsse, und die Füsse der Wölbungen in den Seitenschiffen sind ein früherer Stil als diejenigen der Arkadepfeiler. Die Arkaden sind dann scheinbar nach Westen gebaut worden, um den Strebepfeiler zu treffen. Obgleich der Abfall des Bodens erfolgreich überwunden wurde, indem man jeden Pfeiler länger als seinen östlichen Nachbarn baute, und daher sicherstellte, dass der Fries über den Bögen horizontal war, sind die Kapitelle des letzten Pfeilerpaars niedriger als die Strebepfeiler.

Ausserdem standen die selben Pfeiler zu nahe an der Westwand und die Arkade war schief. Die unternommene Lösung dieses Problems sieht man heute noch in den missgebildeten Bögen der Arkade, die weder rund noch spitzbogig sind.

rhai o'r addurniadau ar gapanau a deiliau'r colofnau ac ar y bwâu yn edrych ymlaen at y dull (Gothig) Seisnig Cynnar a oedd eisoes mewn bri mewn rhannau eraill o Brydain. Mae cyffelybiaethau agos rhwng gwaith o'r ddeuddegfed ganrif yn Nhyddewi a phrif eglwysi eraill yn Ne Orllewin Prydain. Adeiladwyd eil ganol corff yr eglwys, y colofnau, y bwâu, y llofft dywyll a'r llofft olau o ashlar wedi ei dorri'n fedrus a'i asio'n gywrain. Cloddiwyd y garreg, sef tywodfaen Gambriaidd, yng Nghaerfai a Chaerbwdi ar greigiau i'r de-orllewin o Dyddewi. Oddi yma y cyrchwyd y meini a ddefnyddiwyd yn ddiweddar i adfer yr adeilad.

Ni wyddys enw'r pensaer a fu'n gyfrifol am y rhan hon o'r adeilad, ond mae cryn ansicrwydd ynglŷn â'i fedrusrwydd peirianegol. Ymddengys fod ei gynllun gwreiddiol i gynnwys adeiladu muriau allanol corff yr eglwys ynghyd â'r gobiler gorllewinol. Mae seiliau colofnau'r gobiler a rhai siafftiau crwm yn yr eiliau o gyfnod cynharach na'r rhai a welir yng ngholofnau'r arcêd. Ymddengys i'r arcedau gael eu hadeiladu i gyfeiriad gorllewinol i gwrdd â'r gobiler. Datryswyd problem y cwymp yn y tir trwy adeiladu'r colofnau yn hwy yn y rhan orllewinol na'u cymheiriaid yn y rhan ddwyreiniol ac o ganlyniad yr oedd y llingwrs uwchben y bwâu yn wastad, ond er hynny mae'r pâr olaf o golofnau ar wastad is na'r gobileri. Hefyd, yr oedd yr un colofnau yn rhy agos i'r mur gorllewinol ac felly nid oedd yr arcêd yn syth. Gwelir yr ateb i geisio goresgyn y broblem hon yn ffurf y bwâu gorllewinol gan nad ydynt yn grwn nac yn bigfaen.

with the shape of the pier bases and the ornament on the arches, clearly looks forward to the Early English (Gothic) style, which had already come into vogue elsewhere in Britain. There are, however, close parallels between twelfth century work at St. Davids and that in other major churches in south west Britain. The piers, arches, triforium and clerestory and arcades of the nave generally are constructed in finely jointed well-cut ashlar. The stone is a Cambrian sandstone, quarried at Caer-fai and Caerbwdi on the cliffs to the south east of St. Davids; the stone used in recent restoration is derived from the same source.

The architect of this part of the building is unknown, but there are grounds for questioning his engineering competence. His original plan appears to have involved the setting out and construction of the outer walls of the nave, including the western respond; the bases of the piers of the respond and those of the vaulting shafts in the aisles are of a type earlier than those of the arcade piers. The arcades then seem to have been constructed westwards to meet the responds. Although the fall in the ground was successfully overcome by building each pier longer than its eastern neighbour, thus ensuring that the string course above the arches was horizontal, the capitals of the last pair of piers are below the level of those of the responds. Furthermore, the same piers were too close to the west wall — and the arcade was out of line. The solution adopted for this problem can still be seen in the misshapen western arches of the arcade, neither round nor pointed.

25 Corff yr Eglwys Gadeiriol.
Cathedral Nave.
Nef de la Cathédrale.
Das Hauptschiff.

26 *Ochr fewnol Corff yr Eglwys yn 1836: John Parker.*
   Nave interior in 1836: John Parker.
   Intérieur de la nef en 1836: John Parker.
   Das Hauptschiff 1836: John Parker.

50

27 *Ochr fewnol Corff yr Eglwys ar ddiwedd y 18ed ganrif.*
Nave interior at end of 18th century.
Intérieur de la nef à la fin du 18ième siècle.
Hauptschiff am Ende des 18 Jahrhunderts.

28 *Ochr fewnol Corff yr Eglwys wedi i Scott ddiwedd ei waith.*
Nave interior after Scott's restoration.
Intérieur de la nef après la restauration de Scott.
Hauptschiff nach der Restaurierung von Scott.

29 Colofn a chapan yng Nghorff yr Eglwys.
  Nave pier and capital.
  Colonne et chapiteau de la nef.
  Pfeiler und Kapitell im Hauptschiff.

30 Colofn a chapan yng Nghorff yr Eglwys.
   Nave pier and capital.
   Colonne et chapiteau de la nef.
   Pfeiler und Kapitell im Hauptschiff.

31

32

Addurn ar fwâu Corff yr Eglwys.
Nave arch mouldings.
Moulures de l'arche de la nef.
Bogenfriese im Hauptschiff.

33

34

35 *Bwa yng Ngorff yr Eglwys—sylwer ar olion arfau'r saer maen.*
Nave arch—note tool marks.
Arche de la nef—notez les ciselures.
Bogen im Hauptschiff—beachten Sie die Werkzeugspuren.

36 *Anallu'r Ddeuddegfed Ganrif.*
Twelfth Century incompetence.
Incompétence du 12ième siècle.
Fehlerhafte Handwerkerarbeit aus dem 12. Jahrhundert.

37 *Addurn ar waelod un o'r colofnau yng Nghorff y Gadeirlan.*
Ornament on base of nave pier.
Ornement à la base de la colonne de la nef.
Verzierung am Fuss eines Hauptschiffpfeilers.

38 *Y Triforium a'r Llofft Olau (12ed ganrif) a'r nenfwd o'r 16ed ganrif.*
   Triforium and Clerestory (12th century) with 16th century ceiling.
   Triforium et Clair-étage (12ième siècle) avec le plafond du 16ième siècle.
   Triforium und Lichtgaden (des 12. Jahrhunderts) mit Decke aus dem 16. Jahrhundert.

39 *Ochr ogleddol Corff y Eglwys.*
   North side of nave.
   Côté nord de la nef.
   Nordseite des Hauptschiffs.

Llofft Agored a Llofft Dywyll Corff yr Eglwys

Uwchben y bwâu ac wedi ei gwahanu oddi wrthynt gan lin-gwrs wedi ei lunio, ceir yr ail ran neu'r llofft agored sy'n golygu ei bod yn cynnwys ffenestri i oleuo eil ganol corff yr eglwys. Maent yn fach, ag iddynt bennau crwn ac ar un adeg 'roeddynt yn cynnwys olinwaith arsgwar. Mae bwâu'r llofft agored sydd wedi'u addurno'n gyfoethog, yn dangos y trawsnewid rhwng y dull Normanaidd a'r un Seisnig Cynnar. Maent yn cynnwys patrwm allweddol a welir ym mur dwyreiniol y gafell.

Yn Nhyddewi, nid yw'r drydedd elfen sef y llofft dywyll, ar wahân ond y mae'n rhan o'r llofft agored. Gwelir yr un peth yng nghorff Priordy Llanddewi Nant Hodni yng Ngwent. Mae'r sgrîn ar draws bwâu'r llofft agored sy'n cynrychioli'r llofft dywyll yn Nhyddewi, yn cynnwys ymhob cilfach bâr o fwâu bychain pigfaen gyda 'bowtell' o'r tu mewn a wahenir gan gylch bychan addurniadol yn y gwagle rhwng y bwâu.

The Clerestory and Triforium of the Nave

Above the arches and separated from them by a moulded string course is the second stage or clerestory, which as its name implies contains windows to light the body of the nave; they are small and round-headed, and once contained perpendicular tracery. The clerestory arches are richly ornamented with mouldings illustrating the transition from Norman to Early English. They include a key pattern which also appears in the east wall of the presbytery.

At St. Davids the third element of the composition, the triforium or blind storey, has no separate existence; it has been absorbed into the clerestory. Such an arrangement can also be seen in the almost contemporary nave at Llanthony Priory (Gwent). The stone screen across the front of the clerestory arches, which represents the triforium at St. Davids, contains in each bay a pair of small pointed arches, with a bowtell on the inner order, separated by an ornamented roundel in the spandrel.

Clair-Etage et Triforium de la Nef

Le clair-étage est au-dessus des arches et séparée par une rangée de pierres laquelle est décorative. Les fenêtres du clair-étage éclairent l'allée centrale de la nef, elles sont petites et arrondies au-dessus et une fois contenaient des réseaux perpendiculaires. Les arches du clair-etage sont finement décorées par des moules montrant le change du style norman jusqu'au début du style anglais. Les moules contiennent un dessin-clé lequel apparait sur le mur est du presbitère.

Le triforium (troisième élément de la composition) n'a pas une existence séparée, c'est une partie du clair-étage. De-même ceci peut être vu dans la nef du prieuré de Llanthony lequel fut construit presqu'en même temps. La rangée de pierres devant le clair-étage (laquelle représente le triforium à St. Davids) ont une paire de petites arches sur chaque travée, avec un tympan dans l'ordre intérieur, séparées par des petits dessins arrondis.

Der Lichtgaden und das Triforium des Hauptschiffs

Über den Bögen und durch einen Sims von ihnen getrennt ist die zweite Stufe, oder der Lichtgaden, der, wie sein Name andeutet, Fenster enthält, um das Mittelschiff zu beleuchten. Sie sind klein und rundköpfig und enthielten früher spätgotisches Masswerk. Die Bögen des Lichtgadens sind mit Kehlungen prächtig verziert, die den Übergang vom Normannischen zum Frühgotischen zeigen. Sie enthalten ein Schlüsselmuster, welches auch in der Ostwand des Presbyteriums erscheint. In St. David's hat der dritte Teil des Baus, das Triforium oder die blinde Etage, kein eigenes Bestehen. Es ist in den Lichtgaden hineingenommen worden. Man sieht eine solche Einrichtung in dem fast zeitgenössischen Hauptschiff des Priorats zu Llanthony in Gwent. Die Steinschranke, quer vor den Bögen des Lichtgadens, die in St. David's das Triforium darstellt, enthält in jeder Abteilung ein Paar kleine Spitzbögen, mit einem Bowtell in der inneren Ordnung, von einer verzierten runden Platte in der Spandrille getrennt.

40 Bwa'r Triforium, addurn ar fwa yn y Llofft Olau.
Clerestory arch moulding.
Moulures de l'arche de la Clair-étage
Bogenkehlung im Lichtgaden.

41 *Bwa'r Triforium, addurn ar fwa yn y Llofft Olau.*
Clerestory arch moulding.
Moulures de l'arche de la Clair-étage
Bogenkehlung im Lichtgaden.

42 *Addurn rhwng dau fwa yn y Llofft Dywyll.*
Roundel in spandrel of triforium arches.
Ciselures arrondies des arches du triforium.
Runde Platte in der Spandrille der Triforiumbögen.

60

43 *Arced ogleddol yng Nghorff yr Eglwys (12ed ganrif) a butresi naid (15ed ganrif).*
    North nave arcade (12th century) and flying buttresses (15th century).
    Arcade du côté nord de la nef (12ième siècle) et arcs-boutant (15ième siècle).
    Nördliche Arkade des Hauptschiffs (aus dem 12. Jahrhundert) und Strebebogen
    (aus dem 15. Jahrhundert).

44 *Addurn capan, arced ogleddol.*
    Detail of capital, north nave Arcade.
    Détail du chapiteau, arcade de la nef nord.
    Detail des Kapitells in der nördlichen Hauptschiffarkade.

61

Les Allées et le Toit

Les murs de l'allée du centre et des côtés de la nef sont construits avec des voûtes, c'était biensûr l'originale intention d'avoir un toit en pierre sur la nef. Du début ceci était impraticable, le mur derrière la clair-étage est fin à cause du passage dans le triforium. Mais le poids d'un tel toit et les pauvres fondations auraient apportés un effondrement immédiat. Le premier toit et plafond étaient en bois. Au 14ième siècle les murs des allées furent reconstruits, cette fois plus hauts, mais la voûte de pierre ne fut pas construite en même temps. Par le 15ième et le début du 16ième de sérieux problèmes avaient raison, provoqués par le mouvement des arcades. Ils mirent un contrefort au côté nord, abaissèrent le toit et construisirent l'actuel plafond. Le plafond de chêne est unique dans sa forme et son contenu. Il fut cru qu'il datait de la fin du 16ième siècle car il contient des décorations de la fin des temps médiévaux, mais parties de la Renaissance, par exemple les dauphins qui apparaissent sur les pendeloques, amenèrent la suggestion que le plafond fut construit par des artisans flamands et date d'à peu près 1530.

Le sud-est de l'allée sud a une effigie de l'évêque John Morgan (1504). Elle fut bougée ici récemment de sa position originale, derrière les bancs des choeurs. Elle montre le même changement, des temps médiévaux à la Renaissance, que le plafond avec lequel elle est pratiquement contemporaine.

Le seul reste de glace médiévale dans le monument est dans un étroit passage autour d'une fenêtre de l'allée nord. Les deux rosaces à l'ouest furent comblées par des vitraux par Guillaume Morris au 20ième siècle; elles sont d'une très importante addition à la nef. Dans l'allée sud, à l'ouest, se trouvent les fonts baptismaux avec en bassin médiéval et un pied moderne. A côté il y a une pierre verticale gravée de la période romane. Au-dessus des fonts baptismaux il y a trace d'une rosace bloquée par l'actuelle ouverture, elle date probablement de la restauration par Nash de la façade ouest.

Die Seitenschiffe und das Dach

Die Wände des Mittel-und der Seitenschiffe des Hauptschiffs wurden mit Gewölbesäulen eingerichtet. Die originale Absicht war, das Hauptschiff mit einer Steingewölbedecke auszustatten. Von Anfang an aber, war das scheinbar in der Praxis umöglich; die Wand hinter den Lichtgadensäulen ist wegen des Triforiumgangs dünn. Der Druck und das Gewicht eines solchen Daches, angesichts der Unzulänglichkeit des Fundaments, hatte unmittelbaren Einsturz gebracht. Das Originaldach und die Decke waren scheinbar aus Holz. Im 14. Jahrhundert wurden die Mittelschiffwände wiederaufgebaut und höhergestellt, aber ein Steingewölbe wurde auch zu dieser Zeit nicht errichtet. Bis zum 15. und frühen 16. Jahrhundert waren wegen der Arkadenbewegung ernsthafte Probleme aufgetreten. Die Nordseite wurde abgestützt, das Dach herabgesetzt und die heutige Decke gebaut. Die Eichenholzdecke ist in ihrer Struktur und ihrem Inhalt einmalig. Man dachte früher, dass sie auf das Ende des 15. Jahrhunderts zurückginge, da sie spätmittelalterliche Verzierung enthält aber die Elemente der Renaissance, wie die Delphine, die auf dem Hängeschmuck erscheinen, haben zum Eindruck vermittelt, dass die Decke flämische Arbeit ist und auf zirka 1530 zurückgeht. Urkundliche Beweise erhärten dieses spätere Datum.

Auf der Südseite und am Ostende des Südschiffs liegt das Bildnis des Bischofs John Morgan (gest. 1504). Man hat es vor kurzem von seiner früheren Lage hinter dem Chorgestühl im Hauptschiff auf diese Stelle umgestellt. Es zeigt den selben Übergang vom Mittelalterlichen zur Renaissance wie die Decke, womit es beinahe zeitgenössisch ist. Das einzige im Gebäude übriggebliebene mittelalterliche Glas ist zu einem engen Fensterrahmen im Nordschiff zusammengesetzt worden. Die zwei Fensterrosen am Westende wurden in den 1950 -er Jahren mit Buntglas aus den William Morris Werkstätten gefüllt. Sie sind ein höchst erfolgreicher Zusatz zum Hauptschiff. Am Westende des Südschiffs ist das Taufbecken, ein mittelalterliches Becken auf modernem Fuss. Daneben ist ein senkrechter eingemeisselter Stein aus der normannischen Epoche. Über dem Taufbecken sind Spuren einer früheren Fensterrose, die durch die heutige Öffnung blockiert ist. Sie könnte wohl auf die Nash Restaurierung der Westfront zurückgehen.

Yr Eiliau a'r To

Dodwyd siafftiau crwm ar furiau eiliau canol ac ochr corff yr eglwys. Mae'n eglur, felly, mai'r bwriad gwreiddiol oedd dodi nenfwd crwm o gerrig ar gorff yr eglwys. O'r dechrau gwelir fod hyn yn anymarferol gan fod y mur y tu cefn i'r llofft agored yn gul oherwydd y fynedfa i'r llofft dywyll. Gan ystyried anaddasrwydd y sail byddai pwysau'r math hwn o do wedi cwympo'n syth. Ymddengys i'r to a'r nenfwd gael eu gwneud o bren yn wreiddiol. Yn y bedwaredd ganrif ar ddeg, ailadeiladwyd a chodwyd muriau'r eiliau, ond ni ddefnyddiwyd cerrig i adeiladu'r to yn y cyfnod hwn. Erbyn dechrau'r unfed ganrif ar bymtheg, yr oedd problemau difrifol yn bod oherwydd fod yr arcedau yn symud. Cryfhawyd yr ochr ogleddol, gostyngwyd y to ac adeiladwyd y nenfwd presennol. Mae'r nenfwd derw yn unigryw oherwydd ei ffurf a'i gynnwys. Ar un adeg tybiwyd iddo gael ei adeiladu ddiwedd y bymthegfed ganrif oherwydd ei fod yn cynnwys addurniadau canoloesol, ond mae elfennau o'r Dadeni a welir ar y tlysau, megis morwch, yn awgrymu crefftwaith sy'n gysylltiedig â gogledd Gwlad Belg oddeutu 1530. Mae rhywfaint o dystiolaeth ddogfennol i gefnogi'r dyddiad hwn.

Ar ochr ddeheuol a phen dwyreiniol yr eil ddeheuol, ceir delw yr Esgob John Morgan a fu farw yn 1504. Fe'i symudwyd yma o'r tu ôl i seddau'r côr yng nghorff yr eglwys. Mae'n arddangos yr un math o drawsnewid o'r dull canoloesol i'r Dadeni ag y gwna'r nenfwd sydd bron o'r un cyfnod.

Mae'r unig wydr canoloesol sy'n bod yn yr adeilad yn ymyl gul un o'r ffenestri yn yr eil ogleddol. Dodwyd gwydr lliw o weithdy William Morris yn y ddwy ffenestr rôs sydd yn y pen gorllewinol ym mhumdegau'r ganrif hon. Maent yn ychwanegiadau llwyddiannus at gorff yr eglwys. Ym mhen gorllewinol yr eil ddeheuol ceir y bedyddfaen, sef cawg canoloesol ar fôn diweddar. Nesaf ato, ceir maen hir ag ysgrifen arno o'r cyfnod cyn-Normanaidd. Uwchben y bedyddfaen, mae olion ffenestr rôs sydd wedi ei chau gan yr agoriad presennol; efallai ei bod yn dyddio o waith adfer Nash ar yr wyneb orllewinol.

The Aisles and Roof

The walls of both centre and side aisles of the nave were fitted with vaulting shafts; it was clearly the original intention to provide the nave with a stone vaulted ceiling. This, however, seems to have been impracticable from the outset; the wall behind the clerestory shafts is too thin due to the triforium passage. The thrust and weight of such a roof, given the inadequacy of the foundations would have brought immediate collapse. It would seem that the original roof and ceiling were of timber. In the fourteenth century the aisle walls were rebuilt and heightened, but it does not appear that a stone vault was constructed at this period either. By the fifteenth and early sixteenth centuries, serious problems had arisen because of the movement of the arcades. The north side was buttressed, the roof lowered and the present ceiling constructed. The oak ceiling is unique in its frm and content. It was once thought to date from the end of the fifteenth century since it contains late mediaeval ornament, but the Renaissance elements, such as dolphins, which appear on the pendants, have led to suggestions that the ceiling is of Flemish workmanship and dates from c. 1530. There is some documentary evidence to support this later date.

At the south side and east end of the south aisle lies the effigy of Bishop John Morgan (d. 1504). It has recently been removed to this position from its former place behind the nave choir stalls. It exhibits the same type of transition from mediaeval to Renaissance as the ceiling with which it is almost contemporary.

The only mediaeval glass remaining in the building is gathered into a narrow rim around one of the windows in the north aisle. The two rose windows at the west end were filled by stained glass from the William Morris studios in the nineteen fifties; they are a most successful addition to the nave. In the south aisle at the west end is the font, a mediaeval bowl on a modern stem. Next to it is an upright inscribed stone of the pre-Norman period. Above the font there are traces of an earlier rose window, blocked by the present opening; it may date from the Nash restoration of the west front.

45 *O ochr ogleddol allanol y Gadeirlan.*
Exterior of Cathedral, north side.
Extérieur de la Cathédrale, côté nord.
Aussenseite der Kathedrale, Nordseite.

46 *To Corff yr Eglwys o'r Twr—noder y crymedd.*
Nave roof from Tower—note distortion.
Toit de la nef vu de la Tour—notez l'altération.
Dach des Hauptschiffs vom Turm. Beachten Sie die Verbiegung.

47 *To Corff yr Eglwys: noder yr asiadau tryfal*
Interior of nave roof: notice the dove-tailed joints.
Intérieur du toit de la nef: notez les assemblages à queue d'aronde.
Das Innexe des Hauptschiffdachs: Beachten Sie die Schwalbenschwanzverbindungen.

48 *Nenfwd Corff yr Eglwys.*
   Nave Ceiling.
   Plafond de la nef.
   Decke des Hauptschiffs.

49

50

51

52

Addurn ar Nenfwd Corff yr Eglwys.
Pendants of Nave Ceiling.
Pendentif du toit de la nef.
Hängeschmuck der Hauptschiffdecke.

54, 55 *Addurn bedd yr Esgob Morgan*
Detail of tomb of Bishop Morgan.
Détail de la tombe de l'Evêque Morgan.
Detail des Grabmals von Bischof Morgan.

53 *Bedd yr Esgob Morgan (m. 1504).*
Tomb of Bishop Morgan (d. 1504).
Tombe de l'Evêque Morgan (mort en 1504).
Grabmal von Bischof Morgan (gest. 1504).

56 *Y Bedyddfaen.*
The Font.
Les Fonts baptismaux.
Das Taufbecken.

57 *Ffenestr ar ffurf rhosyn (1955), yn y Talcen Gorllewinol.*
   Rose Window (1955) West End.
   Rosace de l'ouest (1955).
   Fensterrose (1955) am Westende.

Drysau Gogleddol a Deheuol Corff yr Eglwys

Mae corff yr eglwys wedi cadw'r mynediadau gwreiddiol yn ogystal â'r ddau borth Trawsnewidiol sy'n arwain o gorff yr eglwys i'r croesau. Adluniwyd y drws deheuol yn y bedwaredd ganrif ar ddeg er fod sail yr hen borth yn parhau. Mae porth deulawr ynghyd â rhai amgaeëdig yn rhoi cysgod i'r drws. Mae'r cerfiadau o amgylch y bwa yn cynrychioli llinach Jesse, ac ar ben y bwa mae'r Drindod Sanctaidd ac wrth eu hochrau angylion yn dal thuserau. Mae'r porth yn cynnal y to crwm o'r bedwaredd ganrif ar ddeg ond mae'r ffenestri yn y rhan amgaeëdig o flaen y drws yn cynrychioli'r dull Unionsgwar. Dodwyd wyneb arall ar du allan y porth yn y ganrif ddiwethaf, a gwelir pennau y Frenhines Victoria a'r Esgob Basil Jones o bobtu'r agoriad.

Yr unig newid i'r porth gogleddol yw ei fod ychydig yn llai o faint er iddo gadw'i nodwedd Drawsffurfiol. Addurnwyd y tu allan ag addurn sy'n groes rhwng ceubren Rhufeinig a'r dant Gothig. Dangosir yma y mowldio 'bowtell' sy'n nodwedd o'r gwaith cynnar yma. Cymharer hyn â phyrth y croesau.

The North and South Doors of the Nave

The nave retains both its original entrances, as it does a pair of Transitional doorways leading from the nave to the transepts. The south door, now protected by a two storey porch, with a parvise over, was remodelled in the fourteenth century, though the base of the old doorway survives. The carvings around the arch are a representation of the Tree of Jesse, and at the crown of the arch is the Holy Trinity flanked by angels swinging censers. The porch retains its fourteenth century vault, but the windows of the parvise are of the Perpendicular period. The exterior of the porch was refaced in the nineteenth century and the heads of Queen Victoria and Bishop Basil Jones were added, either side of the opening.

The north doorway has retained its Transitional character almost unaltered though it has been reduced, it appears, in size. The exterior is adorned with ornament which is an hybrid between Romanesque chevron and Gothic dog-tooth. The inner order, both inside and out, exhibits the bowtell moulding which is characteristic of early work here; compare the transept doorways.

Les Portes Nord et Sud de la Nef

La nef a gardé ses deux originales entrées de-même qu'une paire de passages menant de la nef aux transepts. La porte sud, maintenant protégée par un porche de 2 étages, avec un parvis au-dessus, fut remodelée au 14ième siècle bien que ce soit la même base pour le vieux passage. Les gravures autour des arches sont une représentation de L'Arbre de Jesse et à la couronne de l'arche il y a la Sainte Trinité flanquée d'anges balançant des jarres d'encens. Le porche a gardé sa voûte du 14ième siècle, mais les fenêtres du parvis sont de la période perpendiculaire. L'extérieur du porche eu une nouvelle façade au 19ième siècle et les têtes de la Reine Victoria et de l'évêque Basil Jones furent ajoutées de chaque côté de l'ouverture.

Bien que le passage nord apparaît plus petit, il a conservé son style perpendiculaire. L'extérieur est orné et est une hybride entre le chevron roman et les sculptures gothiques en forme de dents de chiens. L'ordre intérieur montre les sculptures normalle-ment trois quart d'un cercle, lesquelles caractérisent le travail avancé et compare les passages.

Die Nord-und Südeingänge des Hauptschiffes

Das Hauptschiff behält seine beiden Originalein-gänge, wie auch ein Paar Übergangseingänge, die vom Haupstchiff in die Querschiffe führen. Der Südeingang, der heute durch ein zweistöckiges Portal mit einem Vorhof darüber geschützt wird, wurde im 14. Jahrhundert umgebaut, jedoch blieb der Fuss des früheren Eingangs erhalten. Die Bild-hauerarbeit um das Portal ist eine Darstellung des Jessebaums. Am Scheitelpunkt ist die Heilige Dreifaltigkeit, von rauchfass-schwingenden Engeln flankiert. Das Portal behält sein Gewölbe des 14. Jahrhunderts aber die Fenster des Vorhofs sind aus der englischen Spätgotik. Das Äussere des Portals wurde im 19. Jahrhundert wiederverkleidet und die Köpfe der Königin Viktoria und des Bischofs Basil Jones wurden auf beiden Seiten des Eingangs hinzugesetzt. Der Nordeingang hat seinen Über-gangscharakter fast unverändert behalten, obgleich man ihn scheinbar kleiner gemacht hat. Das Äussere ist mit einer Verzierung geschmückt, die eine Mischung aus romanischer Zickzackleiste und dem gotischen Hundzahnornament ist. Die innere Ordnung zeigt von innen und aussen den Bowtell-sims, der für die frühe Mauerarbeit hier typisch ist. Vergleichen Sie die Querschiffeingänge.

58 *Drws Gogleddol.*
North Door.
Porte du côté nord.
Nordeingang.

59 *Drws Deheuol.*
South Door.
Porte sud.
Südeingang.

Addurn Drws Deheuol.
Detail of South Door.
Détail de la porte sud.
60   61   *Detail des Südeingangs.*

62 *Drws i'r Groes Ddeheuol.*
Doorway to South Transept.
Passage menant au transept sud.
Eingang zum südlichen Querschiff.

Le Jubé

A l'est de la nef et la séparant des choeurs se trouve le jubé de pierre. Il fut construit par l'évêque Henry Gower (1328-47), sa tombe est au sud de ce compartiment. C'est un exemple du style employé dans toutes les constructions associées avec Gower; c'est embelli par une fleur à quatre pétales ouvertes et ondulée et de moulures en forme de boulette. L'entrée des choeurs a des voûtes en formes de cotes, de semblables décorations peuvent être vues sur le jubé et dans la cathédrale de Bristol; la même école de maçons fut probablement employée dans ces deux cas. L'entrée et une des chambres contenant les tombeaux sont decorées avec des peintures aux murs. Quoiqu'il en soit il apparait que Gower incorpora des portions d'un ancien jubé au nord de son jubé. D'après les vagues des moulures, les têtes apparaissent de dater du 13ième siècle. Les statues de nos maitres, St. John et St. Paul dans le rétable derrière l'autel de la nef furent placées ici en 1909 et celle de St. Davids, très improprement costumé comme un évêque médiéval, fut placée dans l'alcôve sud à peu près en 1915. En-dessous de cette statue il y a un intéressant carré lequel est ouvert et décoré de réseau.

Pendant la période médiévale le jubé supportait la galerie, l'autel en-dessous était dédié à la crucifixion. L'actuel crucifix est de W. D. Caroe. La galerie fut démolie en 1571, et les réseaux de bois, lesquels peuvent être vus maintenant étaient problement une partie de la base de la galerie, mais furent peut-être apportés d'une autre part du monument. Le milieu de la corniche en bois fut dessiné par Guillaume Butterfield (1815-1900) lequel apparut avoir réparé le jubé et d'avoir mis de nouveaux carreaux sur l'estrade dans les années 1840. Le haut de la corniche est de A.D.R. Caroe et fut placé ici quand il projeta la nouvelle boîte de l'orgue (1950). Il y a eu un orgue à St. Davids depuis le 14ième siècle quand un poête gallois, anonyme, le mentionna. Quoiqu'il en soit, l'actuel instrument est un orgue du Père Willis (1883), mais ce dernier contient des pièces de l'orgue de Schmidt du début du 18ième siècle. Pièces extérieures de ce dernier sont préservées dans la bibliothèque. L'orgue fut renové en 1953 et en 1978-79.

Durant les réparations de la tour, Scott du demanteler parties du jubé, de l'avoir réassemblé et de l'avoir restauré quand nécessaire dans un style satisfaisant.

Les deux autres effigies dans le jubé sont problablement celles de dignitaires de la cathédrale associés avec Gower et sa construction.

Das Pulpitum

Am Ostende des Hauptschiffs und es vom Chor trennend ist die aus Stein gemeisselte Schranke. Sie wurde von Bischof Henry Gower (1328-47), dessen Grab sich in der südwestlichen Nische befindet, gebaut, und ist ein Beispiel der englischen Gotik, wie man sie in allen mit Gower verbundenen Gebäuden sieht. Sie ist mit einer offenblättrigen Blume und Wellen und Kugelfriese verziert. Der Eingang in den Chor ist mit Skelettstreben gewölbt und man hat Ähnlichkeiten zwischen der Scheidewand und dem Bauwerk in der Bristoler Kathedrale bemerkt. Die selbe Maurerschule mag in beiden Fällen benutzt worden sein. Der Eingang ist mit Wandmalereien verziert wie auch eine der Grabnischen. Scheinbar baute Gower Teile einer früheren Scheidewand in die Nordseite seiner Schranke ein. Die Köpfe gehen wahrscheinlich auf das 13. Jahrhundert zurück. Die Figuren Gottes, des heiligen Johannes und des heiligen Paulus im Retabel hinter dem Hauptschiffaltar wurden 1909 dort gesetzt und die Figur des heiligen Davids, als mittelalterlicher Bischof höchst unpassend angezogen, wurde gegen 1915 (?) in die Nische an der Südseite gesetzt. Unter dieser Statue ist eine interessante viereckige Öffnung mit geschmücktem Masswerk.

Im Mittelalter trug das Pulpitum die Chorbühne. Der Altar darunter wurde dem Kruzifix oder der Kreuzigung geweiht. Das heutige Kruzifix ist von W. D. Caroe. Die Chorbühne wurde 1571 abgebaut und das Holzmasswerk und die Bogenkämpfer, die heute noch sichtbar sind, mögen wohl ein Teil des Chorbühnefundaments sein. Vielleicht waren sie auch aus einer anderen Ecke der Kathedrale hierhergebracht worden. Der mittlere Teil des Holzsims wurde von William Butterfield (1814-1900) entworfen und er reparierte die Scheidewand und legte das Podium in den 1840-er Jahren mit Fliesen wieder aus. Der obere Teil des Sims ist von A. D. R. Caroe und wurde dort gesetzt, als er das neue Orgelgehäuse in den 1950-er Jahren entwurf. St. David's hat seit dem 14. Jahrhundert eine Orgel. Sie wurde von einem walisischen Dichter aus dieser Zeit beschrieben. Das heutige Instrument aber ist eine Vater Willis Orgel von 1883, enthält aber Teile einer Schmidt Orgel aus dem Anfang des 18. Jahrhunderts. Gehäuseteile der Schmidt Orgel sind in der Bibliotheque preserviert. Die Orgel wurde 1953 und wieder 1978-9 restauriert. Während seiner Turmreparaturen wurde Scott gezwungen, einen Teil des Pulpitums abzubauen. Er hat das scheinbar auch gemacht und es dann wieder zusammengebaut und, wo nötig, befriedigend restauriert. Die zwei anderen Bildnisse in der Schranke könnten von den zwei Kathedralwürdenträgern sein, die durch das Bauwerk mit Gower in Verbindung gebracht wurden.

Y Sgrîn

Ym mhen dwyreiniol corff yr eglwys ac yn ei rannu oddi wrth y côr mae'r pulpitum carreg. Adeiladwyd hwn gan yr Esgob Henry Gower (1328-1347). Saif ei fedd yn yr adran fwyaf deheuol. Mae'n enghraifft o'r dull Addurniedig a ddefnyddiwyd ymhob adeilad sy'n gysylltiedig â Gower. Fe'i haddurnwyd â blodyn agored a phedair dalen ynghyd â mowldin tonnog a phelennig. Mae'r mynediad i'r côr yn grwm ag asennau tenau, a nodwyd y tebygrwydd rhwng y pulpitum â gwaith yn Eglwys Gadeiriol Bryste. Hwyrach i saer maen o'r un ysgol grefft gael ei gyflogi. Addurnwyd y fynedfa â murluniau yr un fath ag un o siambrau'r beddau. Ymddengys i Gower gynnwys rhannau o sgrîn o gyfnod hŷn yn ochr ogleddol ei bulpitum. I bob golwg, mae'r pennau yn dyddio o'r drydedd ganrif ar ddeg, ond nid yw'r *wave mouldings* yn cyfateb i'r cyfnod hwn. Mae'r pennau yn dyddio o'r drydedd ganrif ar ddeg. Gosodwyd cerfluniau o'n Harglwydd Iesu Grist, Sant Ioan a Sant Pawl yn y 'reredos' y tu ôl i allor corff yr eglwys yn 1909. Dodwyd cerflun o Ddewi Sant, wedi ei ddilladu mewn dull anaddas fel esgob canoloesol, mewn encil ar yr ochr ddeheuol tua 1915(?). Islaw'r cerflun hwn ceir agoriad sgwâr yn cynnwys olinwaith wedi ei addurno.

Yn y canol oesoedd, yr oedd y pulpitum yn cynnal llofft y grôg. Cysegrwyd yr allor islaw i'r Croeshoeliad. Gwaith W. D. Caroe yw'r grôg bresennol. Tynnwyd y llofft i lawr yn 1571 ac hwyrach fod yr olinwaith a'r tarddiannau a welir yn awr, gynt yn rhai o sylfaen y llofft er y gellir awgrymu eu bod gynt wedi eu lleoli mewn rhan arall o'r adeilad. Cynlluniwyd rhan ganol y cornis pren gan William Butterfield (1814-1900) ac ef yn ôl pob tebyg a drwsiodd y sgrin a theilio'r esgynlawr yn y 1840au. Gwaith A. D. R. Caroe yw rhan uchaf y cornis ac fe'i gosodwyd yno ar yr adeg y cynlluniwyd cwpwrdd i'r organ, sef yn y 1950au. Mae organ wedi bod yn Nhyddewi ers y bedwaredd ganrif ar ddeg pan gofnodwyd y ffaith gan fardd Cymreig anhysbys. Organ gan 'Father' Willis (1883) yw'r offeryn presennol er ei fod yn cynnwys rhan o organ Schmidt o ddechrau'r ddeunawfed ganrif. Cedwir rhannau o gasgwaith organ Schmidt yn y Llyfrgell. Adferwyd yr organ yn 1953 ac eto yn 1978/9.

Yn ystod y cyfnod y bu Scott yn atgyweirio'r Tŵr, datgysylltodd y pulpitum a'i ailadeiladu a'i adfer mewn dull boddhaol.

Efallai mai dau ŵr o fri a oedd yn gysylltiedig â gwaith adeiladu Gower yw'r ddau gerflun arall yn y sgrîn.

The Screen

At the east end of the Nave and dividing it from the Choir is the stone pulpitum. It was built by Bishop Henry Gower (1328-47) whose tomb lies in the southernmost compartment. It is an example of the Decorated style employed in all the buildings associated with Gower; it is embellished with an open four-leaved flower and wave and pellet mouldings. The entrance into the choir is vaulted with skeleton ribs and similarities have been noted between the pulpitum and work in Bristol Cathedral; the same school of masons may have been employed in both cases. The entrance passage is decorated with mural paintings as is one of the tomb chambers. It would appear, however, that Gower incorporated portions of an earlier screen into the north side of his pulpitum; the heads appear to date from the thirteenth century, but this is belied by the wave moulding. The figures of our Lord, St. John and St. Paul in the reredos behind the nave altar were placed there in 1909 and the figure of St. David, probably inappropriately garbed as a mediaeval bishop, was set in the recess on the south side about 1915 (?). Below this figure is an interesting square opening filled with decorated tracery.

In the mediaeval period the pulpitum supported the rood loft; the altar below was dedicated to the Rood or Holy Cross. The present fine rood is by W. D. Caroe. The loft was taken down in 1571, and the wooden tracery and springers which are now to be seen may have been part of the base of the loft; there is, however, room to suggest that they were brought hither from elsewhere in the building. The middle part of the wooden cornice was designed by William Butterfield (1814-1900) who appears to have repaired the screen and retiled the dais in the 1840's. The upper part of the cornice is by A. D. R. Caroe and was placed there when he designed the new organ case in the 1950's. There has been an organ at St. Davids since the fourteenth century when an anonymous Welsh poet noted it. The present instrument, however, is a Father Willis Organ of 1883, but incorporates parts of a Schmidt organ of the beginning of the eighteenth century. Parts of the casework of the Schmidt organ are preserved in the Library. The organ was renovated in 1953 and again in 1978/9.

During his repairs to the Tower, Scott was constrained to dismantle part of the pulpitum. He appears to have done so and to have reassembled and restored it where necessary in a satisfactory fashion.

The two other effigies in the screen may well be those of Cathedral dignitaries associated with Gower in his building works.

63 *Y Sgrîn.*
Pulpitum.
Le Jubé.
Das Pulpitum.

76

64 *Y Grog.*
   The Rood.
   Le Crucifix.
   Das Kruzifix.

65 Dewi Sant.
St. David.
St. David.
Der Heilige David.

66 *Bedd yr Esgob Gower.*
Bishop Gower's Tomb.
Tombe de l'Evêque Gower.
Grabmal von Bischof Gower.

67

67-74 *Addurn ar y Sgrîn.*
Ornament on Pulpitum.
Décorations de la chaire.
Verzierung am Pulpitum.

68

69

70

71

72

73

74

75 *Mynedfa drwy'r sgrîn: to crwm.*
   Screen passage: skeleton vaulting.
   Passage du jubé: longues et fines voûtes.
   Lettnerdurchgang, Skelettgewölbe.

76 *Y Sgrîn: murlun (14ed ganrif: Llew Sant Marc).*
   Pulpitum: wall painting (14th Century: Lion of St. Mark).
   Chaire: peinture au mur (14ième siècle: Lion de St. Mark).
   Pulpitum. Wandmalerei. (Aus dem 14. Jahrhundert. Löwe des heiligen Markus).

77 Y Sgrîn: *murlun (14eg ganrif: tyllun a phiod).*
Pulpitum: wall painting (14th century: owl and magpies).
Chaire: peinture au mur (14ième siècle: chouette et pies).
Pulpitum. Wandmalerei (aus dem 14. Jahrhundert. Eule und Elstern).

78 *Corff y Gadeirlan o'r Sgrin yn 1836 gan John Parker.*
Nave from Pulpitum in 1836 by John Parker.
Nef de la Chaire en 1836 par John Parker.
Hauptschiff vom Pulpitum im Jahre 1836, gemalt von John Parker.

La Tour et le Presbitère

La tour est située au-dessus de la traversée et est supportée par quatre arches, trois sont pointues et celle à l'ouest est semi-ronde. L'intérieur est éclairée par quatre fenêtres décorées dans la lanterne et a un plafond de bois voûté. Elle fut restaurée, repeinte par les évêques de St. Davids et élevée de plusieurs centimètres par Gilbert Scott.

Plusieurs tours romanes s'effondrèrent; St. Davids ne fut pas une exception. Elle s'effondra à peu près en 1220 après les vêpres; mais elle ne perda pas sa vie. Seulement un côté apparu d'avoir survécu la catastrophe et c'est pourquoi l'arche ouest est de forme originale. Les trois autres furent reconstruites dans un style pointu plus moderne; la décoration des chapiteaux est typicale du 13ième siècle. L'addition d'étages supplémentaires à la tour, les dommages de tremblement de terre et le poids des cloches et sans aucun doute le dommage causé par le déménagement des cloches au 17ième siècle, résulta d'un presque total effondrement au 19ième siècle. Deux des piles, supportant 1100 tonnes chacune était dans un état assez désastreux. Scott mis la tour en sécurité par un système de soutien en chêne et d'aiguilles supportant une section pendant qu'il reconstruisait celle du dessous; il compléta sa tâche en fournissant suffisamment de fondations à la tour et liant le tout avec des baguettes de métal: tout ceci fut accompli sans la démolition de la tour. Il est dit qu'il avait dû fermé un puits en-dessous de la pile sud-ouest. A partir du 14ième ou 15ième siècle les arches de la tour devaient être bloquées à l'ouest et sud pour supporter la tour. Le résultat du travail de Scott fut qu'elles pouvaient être ouvertes.

On pense que la tour détruisit l'est du presbitère quand elle s'effondra bien que ceci n'est pas nécessairement le cas. Les piles et les arches furent reconstruites dans un style pointu; les chapiteaux sont décorés par des sculptures en forme de feuille d'eau. Les jointures de l'ancien et nouveau travail peuvent être vues dans les coins nord et sud du presbitère. L'est trio est construit en chaux et en grès local. Ses décorations sont similaires à celles du triforium et du clair-étage.

Au 15ième siècle ou au début du 16ième siècle, les murs de l'arcade furent élevés et un nouveau toit plat supporté par des poutres cambrées remplaça l'ancien. Scott répara ce toit, lequel devait être supporté depuis le 18ième siècle et restaura les couleurs médievales lesquelles comprennent des blasons des boucliers à l'intersections des poutres. Durant la même periode les arrangements liturgiques furent changés dans le sanctuaire.

Un nouvel autel, situé au dessus de 3 larges escaliers, le parterre avec un carrelage encaustique de l'école de Malvern; à l'endroit de l'actuel autel les carreaux sont originaux et le reste des choeurs et le presbitère furent recarrelés durant la restauration de Scott. Les de bois sedilia, lesquels ont survécu, bien

Der Turm und das Presbyterium

Der Turm befindet sich über der Kreuzung und wird von vier Bögen gestützt, wovon drei spitzbögig sind und einer, im Westen, halbkreisförmig. Er ist im Inneren durch die vier gotischen Fenster im Dachaufsatz beleuchtet und hat eine mittelalterliche gewölbte Holzdecke. Diese wurde von Gilbert Scott restauriert, mit den Wappen der Bischöfe von St. David's wiederausgemalt und um mehrere Meter erhöht.

Sehr viele romanische Türme stürzten ein. St. Davids war keine Ausnahme. Er stürzte 1220 ein, ohne Lebensverlust nach dem Abendgottesdienst. Nur die eine Seite scheint die Katastrophe überstanden zu haben und das ist warum der westliche Bogen seine Originalform behielt. Die drei anderen wurden in der modernen Spitzform wiedergebaut; das Ornament an den Kapitellen ist für das 13. Jahrhundert typisch. Das Anbauen weiterer Stufen des Turms, Erdbebenschaden und das Glockengewicht und ohne Zweifel die Schäden, die durch die Entfernung der Glocken im 17. Jahrhundert entstanden, führten beinahe im 19. Jahrhundert zu einem erneuten Einsturz. Zwei Säulen, die jede eine Belastung von 11,000 Tonnen trug, befanden sich in einem gefährlichen Zustand. Scott machte den Turm mit einem System von Eichenholzstrebebalken und Nadeln fest, welche die eine Stufe abstützte, während er die untere Stufe wiederaufbaute. Er vollendete die Arbeit, indem er dem Turm ausreichende Fundamente verschaffte und alles mit Metallkuppelstangen verband. Das wurde alles geschafft, ohne den Turm abbauen zu müssen. Man sagt, dass Scott einen Brunnen unter der Südwestsäule auffüllen musste. Vom 14. und 15. Jahrhundert aufwärts waren die Turmbögen auf den West-und Südseiten blockiert worden, um den Turm zu stützen. Als Folge von Scotts Arbeit konnten sie wieder geöffnet werden.

Der Einsturz des Turms zerstörte wahrscheinlich das Presbyterium zum Osten hin, aber das muss nicht der Fall gewesen sein. Die Säulen und Bögen wurden im Spitzstil wiederaufgebaut, die Kapitellen sind mit einem Wasserblattmuster verziert. Die Verbindungslinie zwischen dem neuen und alten Bau sieht man in den Nord-und Südwestecken des Presbyteriums. Das östliche Triplet ist aus Oolithskalkstein sowie aus dem lokalen Sandstein gebaut. Es ruht auf einem früheren Verzierungsband und ist jenem im Triforium und Lichtgaden ähnlich. Im 15. oder frühen 16. Jahrhundert wurden die Arkadenwände erhöht und ein auf gewölbten Balken ruhendes, flaches Dach ersetzte ein früheres, steileres Dach. Scott reparierte dieses, das man seit dem 18. Jahrhundert abstützte, und brachte die mittelalterliche Farbzusammenstellung zurück, die die Wappen an den Balkenkreuzungen einschloss.

Y Tŵr a'r Gafell

Cynhelir y tŵr gan bedwar bwa, tri ohonynt yn bigfaen a'r llall yn hanner crwn. Gosodwyd y tŵr uwch y groesfan. Fe'i goleuir gan y pedair ffenestr addurniedig yn y llusern, ac mae iddo nenfwd crwm pren canoloesol. Adferwyd hwn a'i ail-lunio yn lliwiau arfbais Esgobion Tyddewi ac fe'i codwyd sawl troedfedd gan Gilbert Scott.

Mae llawer tŵr Rhufeinig wedi cwympo, ac nid eithriad oedd Tyddewi ychwaith. Fe gwympodd ar ôl gwasanaeth hwyrol oddeutu'r flwyddyn 1220 ond ni chollodd neb ei fywyd. Un ochr yn unig a oroesodd y ddamwain, a dyma'r rheswm pam y mae'r bwa gorllewinol wedi cadw ei ffurf gwreiddiol. Ailadeiladwyd y tri arall yn y dull pigfain; mae'r addurn ar y capanau yn nodweddiadol o'r drydedd ganrif ar ddeg. Bu bron iddo gwympo eto yn y bedwaredd ganrif ar bymtheg o ganlyniad i gyfuniad o ffactorau, megis codi'r tŵr yn uwch, daeargryn, pwysau'r clychau a'r difrod a wnaethpwyd pan symudwyd hwynt oddi yno yn yr ail ganrif ar bymtheg. Yr oedd dwy golofn, a oedd yn cynnal pwysau o fil a chan tunnell yr un, mewn cyflwr peryglus. Diogelodd Scott un rhan o'r tŵr a chynnalbrennau derw tra'n adeiladu'r rhan oddi tano. Gorffennodd y gwaith trwy ddodi sylfaen addas i'r tŵr a'i gadw ynghyd gyda chwlwm-wiail metel. Gwnaethpwyd hyn oll heb dynnu'r tŵr i lawr. Dywedir iddo orfod sychu ffynnon o dan y golofn dde-orllewinol. O'r bedwaredd ganrif ar ddeg neu'r bymthegfed ganrif 'roedd y bwâu ar yr ochrau gorllewinol a deheuol wedi eu cau i gynnal y tŵr. O ganlyniad i waith Scott gellid agor y rhain drachefn.

Dywedir i'r tŵr ddinistrio'r gafell a oedd i'r dwyrain pan gwympodd, ond nid oes sicrwydd ynglŷn â hyn. Ailadeiladwyd y colofnau a'r bwâu yn y dull pigfaen ac addurnwyd y capanau yn null dalen ddŵr. Gwelir uniad hen waith a'r newydd yng nghonglau gogledd a de-orllewinol y gafell. Adeiladwyd y Tripled dwyreiniol o galchfaen wlitig yn ogystal â thywodfaen leol. Fe orffwys ar addurn sy'n debyg i'r hyn a welir yn y llofft dywyll a'r llofft olau.

Yn y bymthegfed neu ddechrau'r unfed ganrif ar bymtheg, codwyd muriau'r arcêd a gosod to gwastad yn pwyso ar drawstiau crwm yn lle'r to serth a oedd yno gynt. Atgyweiriodd Scott y to, a gynhelid ers y ddeunawfed ganrif, ac adfer sistem liw ganoloesol a gynhwysai dariannau herodrol lle croesai'r trawstiau. Yn yr un cyfnod newidiwyd y trefniadau ynglŷn â gwasanaethau yn y noddfa. Gosodwyd y brif allor dros dri cham; gosodwyd teils llosgliw yn null Malvern ar y llawr. Cadwyd y teils gwreiddiol yng nghyffiniau'r allor, ond dodwyd rhai newydd ar y llawr yn y gafell a lle saif y côr yn ystod cyfnod adfer Scott. Yn y 1960au dodwyd brodwaith addurniadol ar seddau'r offeiriaid sydd wedi eu hadfer ar ochr ddeheuol y noddfa.

Yn yr un cyfnod, gosodwyd ffenestr fawr Unionsgwar uwchben y tripled a oedd wedi ei gau.

The Tower and Presbytery

The Tower is placed above the crossing and is supported by four arches, three of which are pointed, and one, the western, is semi-circular. It is lit internally by the four Decorated windows in the lantern and has a mediaeval wooden vaulted ceiling. This was restored, recoloured with the arms of bishops of St. Davids, and raised several feet by Gilbert Scott.

Very many Romanesque towers collapsed; St. Davids was no exception. It collapsed in 1220 (?) after Vespers without loss of life. Only one side appears to have survived the catastrophe, and this is why the western arch retains its original shape. The other three were rebuilt in the more modern pointed shape; the ornament on the capitals is typical of the thirteenth century. The addition of extra stages to the tower, earthquake damage, and the weight of the bells, and, no doubt, the damage caused by the removal of bells in the seventeenth century, resulted in near collapse in the nineteenth. Two of the piers, bearing a load of 1,100 tons each were in a parlous state. Scott secured the tower with a system of oak shores and needles supporting one section while rebuilding the one below; he completed the task by providing adequate foundations to the tower and tied the whole together with metal tie rods; all this was accomplished without taking the tower down. It is said that he had to close up a well under the south western pier. From the fourteenth or fifteenth century onwards the tower arches had been blocked up on the west and south sides to support the tower. The result of Scott's work was that they could be opened out.

In its fall, the tower is thought to have destroyed the presbytery to the east of it, though this need not necessarily be the case. The piers and arches were rebuilt in the pointed style; the capitals are decorated with a water-leaf design. The join of the old and new work can be seen in the north and south-west corners of the presbytery. The eastern Triplet is built of oolitic limestone as well as the local sandstone. It rests on an earlier band of decoration similar to that in the triforium and clerestory.

In the fifteenth or early sixteenth century, the arcade walls were raised and a flat roof resting on cambered beams replaced an earlier roof of steeper pitch. Scott repaired this roof, which had been propped since the eighteenth century, and restored the mediaeval colour scheme which included the heraldic shields at the intersections of the beams.

At the same period the liturgical arrangements in the sanctuary were changed. A new high altar was set above three wide footpaces; the floor area was tiled with encaustic tiles of the Malvern school; the area within the present altar rails retains its original tiles, and the rest of the choir and presbytery were retiled in the Scott restoration. The wooden sedilia, which have survived, though restored, at the south

que restaurés, le sud du sanctuaire reçu ses décorations en forme de broderie dans les années 1960.

A peu près en-même temps une grande fenêtre perpendiculaire fut inserrée au-dessus du trio bloqué. Cette dernière fut bougée par Scott lequel redécouvra assez des fenêtres précédentes pour les restaurer en quatre fenêtres en orgive. Le verre est de Hardman de Birmingham. L'existence de la St. Chapelle de la Trinité l'empêcha de ré-ouvrir le trio des ogives à lancettes. Il les combla de mosaïque de Salviati dépeignant un crucifixion de figures allégoriques d'Ecclesia (l'église) et Synagoga (l'église de l'Ancien Testament).

St. Davids a la chance de posséder un nombre considérable de boiseries sculptées de la fin de la période médiévale, bien que ces dernières furent énormement restaurées. Le trône est associé à l'évêque John Morgan, mort en 1504, une fois ses armes étaient peints dessus en addition des figures des saints et évêques, de minces traces peuvent être vues maintenant. Quoiqu'il en soit récente érudition vu la structure comme appartenant plus au style Décoré; probablement entièrement refaite aux temps de Morgan.

La stalle des Canons reste dans les choeurs en-dessous de la tour, datant probablement du début du 16ième siècle; les bancs gravés ont été pris pour référer au mariage du prince Arthur, fils le plus vieux d'Henry VII et Catherine D'Aragon en 1502; la grenade apparaît de-même dans la corniche au-dessus des stalles. Les stalles possèdent des bancs à charnières, connus sous le nom de miséricordes, des tasseaux gravés attachés en-dessous. Le dessous est richement décoré de sculptures, les sujets couvrent une large variétié d'activitiès.

Derrière chaque stalle est peint le titre ou dignité du canon s'asseyant ici; les noms de ces places sont celles de propriétés ou de manoirs ou d'églises lesquels supportaient ce particulier canon de leurs revenus. St. Davids est unique parmis les cathédrales de Grande-Bretagne dans le sens que le souverain reignant est un membre du chapitre. La propre stalle, est marquée par les armes royales. On ne sait pas quand cette distinction fut conférée sur la cathédrale.

La partie est des choeurs est fermée par une rare cloison, laquelle date probablement de la fin du 14ième ou 15ième siècle mais elle composite; de-même elle a clairement été bougée pour faire de la place pour le trône.

La canonisation de St. David par le pape Calixtus amena la grande popularité de son tombeau aux Moyen-Ages. Nombres accroissant et le besoin de provenir un accès plus facile amena au bougement de l'actuel tombeau au nord du presbytère; la base de pierre peut être vue aujourd'hui. Une fois il possédait des voussures de bois archées et était peint avec les figures de St. David, St. Patrick, et St. Denis de France. Son originale position apparait d'avoir été à côté de l'actuel autel. Les pélerinages dans le sens

Zur selben Zeit wurden die liturgischen Anordnungen im Sanktuarium geändert.

Ein neuer Hochaltar wurde über drei Stufen hoch gesetzt. Der Boden wurde mit glasierten Fliesen der Malverner Schule ausgelegt: der Raum innerhalb der heutigen Kommunionbank behält seine originalen Fliesen und der Rest des Chors und des Presbyteriums wurden während der Scott Restaurierung wieder ausgelegt. Das Holzgestühl, das auf der Südseite des Sanktuariums überstanden hat, obgleich restauriert, bekam seine Stickereiverzierung in den 1960-er Jahren.

Ungefähr zur selben Zeit baute man ein grosses Perpendikularfenster über dem blockierten dreiteiligen Fenster ein. Dies wurde von Scott entfernt und er fand genug von den früheren Fenstern, um sie als Vierspitzbogenfenster zu restaurieren. Das Glas darin ist von Hardmans in Birmingham. Die Existenz der Kapelle der Heiligen Dreifaltigkeit verhinderte ihn die drei Spitzbogenfenster wieder in Gebrauch zu setzen. Er füllte sie mit Mosaiken von Salviati. Sie zeigen eine Kreuzigung, die von den allegorischen Figuren von Ecclesia (der Kirche) und Synagoga (der Kirche des alten Testaments) flankiert sind. St. David's ist glücklich eine grosse Menge spätmittelalterliches geschnittenes Holzwerks zu besitzen, obwohl es erheblich und sympathisch restauriert worden ist.

Der Thron ist mit Bischof John Morgan (gest. 1504) assoziiert; seine Wappen, zusammen mit den Figuren von Heiligen und Bischöfen waren früher darauf gemalt, wovon man leichte Spuren heute noch sehen kann. Die neueste Forschung jedoch meint, dass die Konstruktion näher der englischen Gotik liegt. Sie wurde vielleicht zu Morgans Zeit renoviert. Die Chorstühle der Domherren, d.h. des Dekans und des Kapitels, liegen im Chor unter dem Turm. Sie stammen wahrscheinlich aus dem frühen 16. Jahrhundert; die geschnittenen Gestühlende weisen vielleicht auf die Hochzeit des Prinzen Arthurs, des älteren Sohns von Heinrich VII mit Katherina von Aragon 1502 hin. Der Granatapfel erscheint auch im Sims über dem Gestühl. Das Chorgestühl besitzt Scharniersitze, die wegen der geschnitzten Träger an der Unterseite als Miserikordien bekannt sind. Die Unterseite der Sitze ist mit Schnitzereien prächtig verziert, deren Subjekte eine grosse Auswahl an Themen umfassen.

An der Rückenlehne jedes Stuhles steht der Titel oder der Rang des Domherrn, der hier sitzt. Die Ortsnamen gehören Landgütern oder Kirchen, deren Einkommen diese speziellen Domherren unterstütze; das technische Wort dafür ist Pfründe. St. David's ist die einzige britische Kathedrale wo der regierende König oder Königin ein Mitglied des Kapitels ist. Der entsprechende Stuhl, der erste Cursal im Chor ist mit dem königlichen Wappenschild versehen. Wann die Kathedrale dieses Ehrenzeichen bekam ist heute unbekannt. Das Ostende des Chors ist von einem köstlichen Lettner abge-

Symudwyd hon gan Scott a darganfuwyd digon o'r ffenestri blaenorol i'w hadfer ar ffurf pedair fflaim. Gwnaethpwyd y gwydr sydd ynddynt gan Hardman o Birmingham. Atalwyd ef rhag ailagor y tair fflaim gan bresenoldeb Capel y Drindod Sanctaidd. Llanwodd hwy â brithwaith o waith Salviati sy'n dangos y Croeshoeliad a lluniau arallegol o Ecclesia (yr Eglwys) a Synagoga (Eglwys yr Hen Destament).

Y mae Tyddewi yn cynnwys cryn dipyn o waith pren cerfiedig canoloesol, er bod llawer ohono wedi ei adfer mewn dull tebyg. Cysylltir yr orsedd â'r Esgob John Morgan (m. 1504). 'Roedd ei arfbais wedi ei pheintio arni ar un adeg ynghŷd â lluniau saint ac esgobion, y gwelir olion ohonynt o hyd. Y farn ddiweddar yw eu bod yn perthyn i'r dull Addurniedig; hwyrach iddi gael ei hadnewyddu yn oes Morgan. Mae seddau'r Canoniaid sy'n ffurfio'r Deon a'r Penaethiaid yn y Côr o dan y Tŵr. Maent yn dyddio o ddechrau'r unfed ganrif ar bymtheg. Dywedir fod pennau cerfiedig y meinciau yn cyfeirio at briodas y Tywysog Arthur, mab hynaf Harri'r Seithfed a Catherine o Aragon yn 1502. Gwelir ffurf pomgranad yn y cornis uwchben y seddau. Mae bachau cerfiedig uchel, neu 'misericords' ar y seddau islaw iddynt. Mae'r lle islaw wedi ei addurno'n gyfoethog â gwaith cerfio sy'n adlewyrchu amrywiaeth o destunau.

Peintiwyd ar gefn pob sedd deitl y Canon a eisteddai yno. Mae enwau'r lleoedd yn cofnodi'r ystadau, maenoriau neu'r eglwysi a fu unwaith yn cyfrannu at fywoliaeth y canon hwnnw — y gair technegol yw 'prebend'. Mae Tyddewi yn unigryw ymysg Eglwysi Cadeiriol Prydain gan fod y Brenin gorseddog yn un o'r Canoniaid. Gwelir yr Arfbais Frenhinol ar y sedd honno, sef y sedd gyntaf 'Cursal' yn y Côr. Ni wyddys pryd yr anrhydeddwyd y Gadeirlan felly.

Gorchuddiwyd pen dwyreiniol y Côr gan sgrîn 'parclose' anghyffredin sy'n rhannol ei gwneuthuriad ac yn dyddio o'r bedwaredd ganrif ar ddeg neu'r bymthegfed ganrif. Fe'i symudwyd er mwyn gwneud lle i'r orsedd.

Gwnaethpwyd y greirfa yn fwy poblogaidd yn y Canol Oesoedd wedi i'r Pab Calixtus yr Ail wneud Dewi yn Sant. Oherwydd cynnydd yn nifer y bobl a ddeuai yno a'r angen am wneud mynediad i'r greirfa yn haws, codwyd y greirfa bresennol ar ochr ogleddol y gafell yn 1275. Mae'r garreg sylfaen yn dal yno o hyd. Ar un adeg 'roedd bwa pren yno a lluniau Dewi Sant, Sant Padrig a Sant Denis o Ffrainc arno. Ymddengys mai safle flaenorol y greirfa oedd gerllaw safle'r brif allor heddiw. Daeth pererindodau yn yr ystyr ganoloesol i ben gyda dyfodiad y Diwygiad Protestanaidd a dinistriwyd y greirfa gan yr Esgob Barlow.

Ar ôl 1540 daethpwyd â bedd Edmwnd Tudur, tad Harri'r Seithfed, o Eglwys y Brodyr Llwyd yng Nghaerfyrddin. Gwnaethpwyd y bedd o farmor Purbeck a'i ail-leoli o flaen y brif allor, megis yn yr un safle ag yr oedd yng Nghaerfyrddin. Tybiwyd i'w

side of the sanctuary were given their embroidered decoration in the 1960s.

At around the same time, a large Perpendicular window was inserted above the blocked triplet. This was removed by Scott, who rediscovered enough of the preceding windows to restore them as a quadruplet of lancets. The glass in them is by Hardman's of Birmingham. The existence of the Holy Trinity Chapel prevented him from re-opening the triplet of lancets. He filled them with mosaics, by Salviati, depicting a Crucifixion flanked by allegorical figures of Ecclesia (the Church) and Synagoga (the Church of the Old Testament).

St. Davids is fortunate in possessing a considerable amount of late mediaeval carved woodwork, although it has been considerably, though sympathetically restored. The throne is associated with Bishop John Morgan (d. 1504), his arms were once painted on it, in addition to the figures of saints and bishops, faint traces of which can still be seen. Recent scholarship, however, sees the structure as belonging more to the Decorated style; it may well have been refurbished in Morgan's time. The stalls of the Canons who make up the Dean and Chapter lie in the Choir under the Tower. They date, probably, from the early sixteenth century; the carved bench ends have been taken to refer to the marriage of Prince Arthur, elder son of Henry VII and Catherine of Aragon in 1502; the pomegranate also appears in the cornice above the stalls. The stalls possess hinged seats known as misericords, from the carved brackets attached to the underside. The space below is richly decorated with carving, the subjects of which cover a wide variety of topics.

On the back of each stall is painted the title or dignity of the Canon who sits there; the place names are those of estates, manors or churches whose income supported that particular canon; the technical term is 'prebend'. St. Davids is unique among British Cathedrals in that the reigning Sovereign is a member of the Chapter. The appropriate stall, the First Cursal in the Choir, is marked by the Royal Arms. It is not known when this distinction was conferred upon the Cathedral.

The east end of the Choir is closed off by a rare parclose screen. It probably dates from the late fourteenth or fifteenth century but is composite; it has also clearly been moved to make way for the throne.

St. David's canonisation by Pope Calixtus II led to the great popularity of his shrine in the Middle Ages. Growing numbers and a need to provide easier access, probably led in 1275 to the erection of the present shrine on the North side of the Presbytery; the stone base still survives. Once it had an arched coving of wood, and was painted with the figures of St. David, St. Patrick and St. Denis of France. The previous position of the shrine appears to have been near the site of the present high altar. Pilgrimage in the mediaeval sense ceased at the Reformation and

bresenoldeb gyfrannu'n sylweddol at osgoi difrod i'r Gadeirlan adeg y Diwygiad Protestannaidd. Yn yr ail ganrif ar bymtheg dygwyd y pres a'r arysgrif yn ogystal â'r plwm o doeon eiliau'r côr a'r croesau. Canlyniad hyn oedd llenwi arcedau'r gafell ac nid agorwyd hwy tan gyfnod gwaith adfer Scott. Adferwyd bedd Edmwnd Tudur yn yr un cyfnod a rhoddwyd copi o'r pres a'r arysgrif gwreiddiol o waith Thomas Waller arno yn 1873.

Yn y cysegr mae bedd y Trysorydd, Thomas Lloyd a fu farw yn 1612.

the shrine was destroyed by Bishop Barlow.

After 1540 the tomb of Edmund Tudor, Henry VII's father was brought hither from the church of the Greyfriars at Carmarthen, then recently dissolved. Constructed of Purbeck marble, it occupies a position similar to the one it occupied at Carmarthen, before the High Altar. Its presence is said to have contributed to the preservation of the Cathedral from significant damage at the Reformation. In the seventeenth century, however, its brass and inscription were stripped, as was the lead from the roofs of the choir aisles and transepts; this led to the walling up of the presbytery arcades, which were only reopened at the Scott restoration. The tomb of Edmund Tudor was restored, and a new brass and inscription, copying the originals, by Thomas Waller (1873) were placed on it during the Scott restoration.

In the Sanctuary is the tomb of Thomas Lloyd, Treasurer (d. 1612).

médiévale cessèrent à la Réformation et le tombeau fut détruit par l'évêque Barlow.

Après 1540, la tombe d'Edouard Tudor, père d'Henry VII fut apporté ici de l'église de Greyfriars à Carmarthen et récemment détruite. Construite en marbre de Purbeck, elle occupe une position similaire à celle occupée à Carmarthen, devant le Maître Autel. Il est dit que sa présence contribua à la préservation de la cathédrale des dommages significatifs durant la Réformation. Quoiqu'il en soit elle fut dépouillée de son cuivre et inscription au 17ième siècle comme furent les toits des allées des choeurs et les transepts de leur plomb; ceci amena à murer les arcades du presbitère lesquelles furent reouvertes seulement durant la restauration de Scott. La tombe d'Edmond Tudor fut restaurée, un nouveau bronze et une nouvelle inscription, copiant les originaux, par Thomas Waller (1873) furent replacés durant la restauration de Scott.

Dans le sanctuaire se trouve la tombe de Thomas Lloyd, Trésorier, mort en 1612.

trennt. Er geht wahrscheinlich auf das 14. oder 15. Jahrhundert zurück; man hat ihn bestimmt auch umgestellt, um Platz für den Thron zu schaffen.

Die Heiligsprechung des heiligen Davids führte zur grossen Popularität seines Schreins im Mittelalter. Eine grössere Anzahl von Pilgern und ein Bedürfnis leichteren Zugang zu gewähren, führte wahrscheinlich 1275 zum Bauen des heutigen Schreins an der Nordseite des Presbyteriums. Der Steinfuss bleibt noch. Vorher hatte der Schrein ein gewölbtes überhängendes Obergeschoss und wurde mit den Figuren des heiligen Davids, Patricks und Denis von Frankreich gemalt. Die frühere Position des Schreins scheint neben der Baustelle des heutigen Hochaltars gewesen zu sein. Eine Pilgerfahrt im mittelalterlichen Sinn endete mit der Reformation und der Schrein wurde von Bischof Barlow zerstört. Nach 1540 wurde das Grabmal von Edmund Tudor, dem Vater Heinrichs VII, von der zu der Zeit neuerlich aufgelösten Kirche der Franziskaner Mönche in Carmarthen hierher gebracht.

Aus Purbecker Marmor gebaut, besitzt es eine ähnliche Position wie in Carmarthen vor dem Hochaltar. Seine Anwesenheit soll die Kathedrale von grossen Schäden während der Reformation bewahrt haben. Im 17. Jahrhundert jedoch wurden sein Messing und seine Inschrift weggerissen, wie auch das Blei von den Dächern des Chors und der Querschiffe. Dies führte zum Zumauern der Presbyteriumsarkaden, die erst bei der Scott Restaurierung wieder aufgemacht wurden. Das Grabmal von Edmund Tudor wurde restauriert und ein neues Messing und eine Inschrift von Thomas Waller (1873), die Originale nachahmend, wurden während der Scott Restaurierung daraufgesetzt.

Im Sanktuarium ist das Grabmal von Thomas Lloyd, Schatzmeister. (gest. 1612).

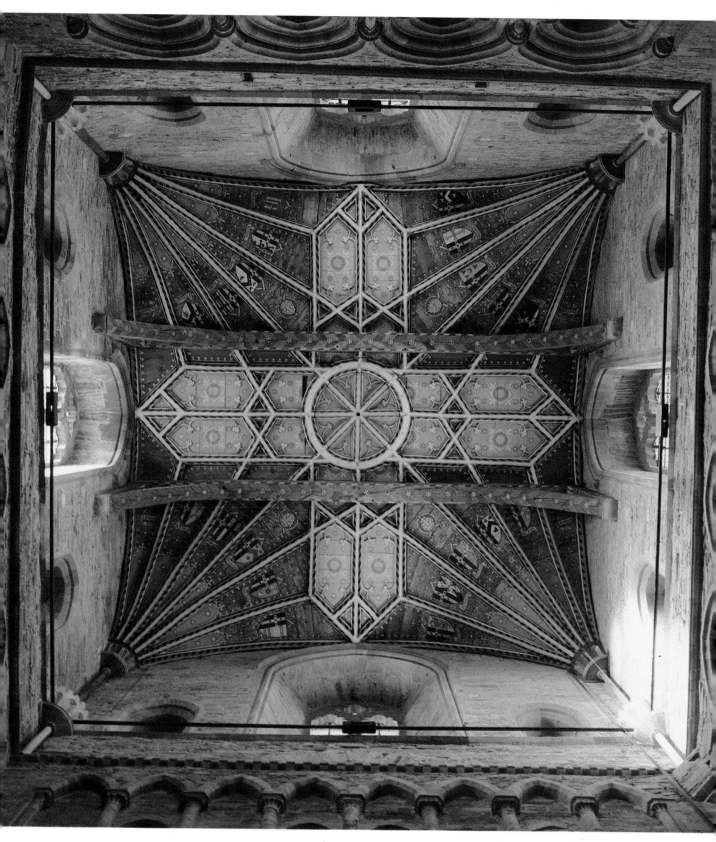

79 *Nenfwd y Tŵr.*
Tower Ceiling.
Plafond de la tour.
Decke des Turms.

80 *Bwa gorllewinol y tŵr (12ed ganrif) a chasgwaith yr organ (20ed ganrif).*
   Western tower arch (12th Century) and organ case (20th Century).
   Arche de la tour ouest (12ième siècle) et caisse de l'orgue (20ième siècle).
   Der Westbogen des Turms (aus dem 12. Jahrhundert) und Orgelgehäuse (aus
   dem 20. Jahrhundert).

81 *Mur gorllewinol y tŵr: addurn.*
   West wall of tower: detail.
   Mur ouest de la tour: détail.
   Westmauer des Turms. Detail.

82 *Mur gorllewinol y tŵr: cerrig addurnedig wedi eu hail-ddefnyddio.*
   West wall of tower: re-used mouldings.
   Mur ouest de la tour: moulures réutilisées.
   Westmauer des Turms. Wiederbenutzte Friese.

83

84

83, 84 *Onglau gogledd a de-orllewin y Gafell.*
North and south-west angles of Presbytery.
Angles nord et sud-ouest du presbitière.
Nord— und Südwestwinkel des Presbyteriums.

85 *Cysylltbyst metel yn y Tŵr.*
Metal tie-bars in Tower.
Barres d'attachement en métal de la Tour.
Metallkuppelstangen im Turm.

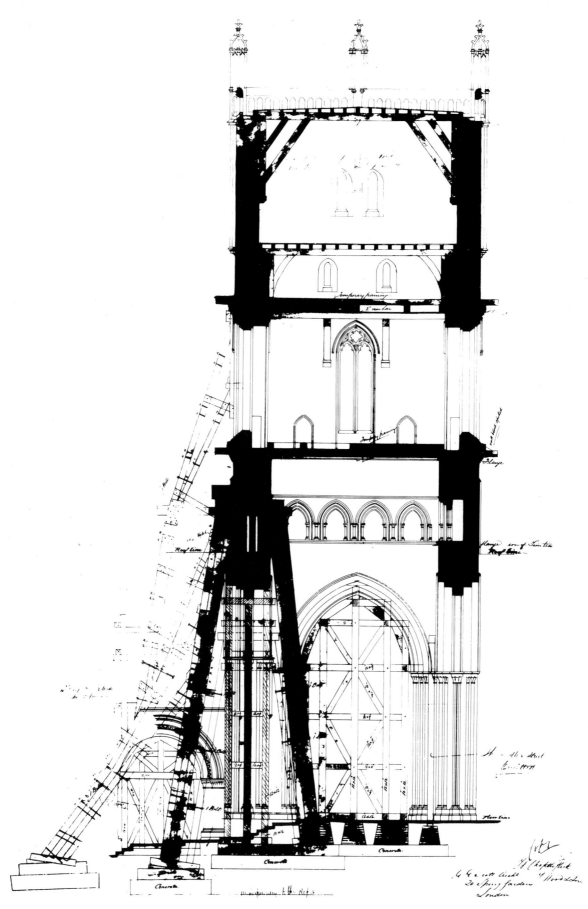

86 *Cynllun o'r tŵr tra yr oedd Scott yn ei ail-adeiladu.*
  Scott's sectional plan for the restoration of the tower.
  Plan en section de Scott pour la restauration de la tour.
  Scott's Darstellung im Schnitt für die Restaurierung des Turms.

87 *Addurn yn y Tŵr.*
   Tower: detail of carving.
   Tour: détail de la sculpture.
   Turm: Detail der Holzschitzerei.

88 *Y Tŵr: colofn gogledd-ddwyreiniol.*
Tower: north-east pier.
Tour: colonne nord-est.
Turm: Nordöstlicher Pfeiler.

89 *Y Tŵr: capan y colofn gogledd-ddwyreiniol.*
Tower: north-east pier capital.
Tour: colonne nord-est du chapiteau.
Turm: Nordöstliches Pfeilerkapitell.

90 *Pinacl ar y tŵr.*
Tower pinnacle.
Pinacle de la tour.
Turmfiale.

91 *Y Tŵr: Ffrâm glychau o'r Canol Oesodd.*
Tower: Mediaeval bell-frame.
Tour: charpente médiévale des cloches.
Turm: Mittelalterlicher Glockenrahmen.

92 *Addurn yn y Tŵr.*
   Tower: detail of carving.
   Tour: détail de la sculpture.
   Turm: Detail der Holzschnitzerei.

93 *Y Gafell: Capan Colofn.*
Presbytery: Pier capital.
Presbitère: colonne du chapiteau.
Presbyterium: Pfeilerkapitell.

94 *Y Gafell: Capan paladr.*
Presbytery: Capital vaulting shaft.
Presbitère: un chapiteau.
Presbyterium: Kapitellgewölbesäule.

95 *Y Brif Allor a'r Gafell.*
High Altar and Presbytery.
Maire Autel et presbitère.
Hochaltar und Presbyterium.

101

96 *Y Groes ar y Brif Allor. T. G. Jackson. 1895*
High Altar Cross. T. G. Jackson. 1895.
Croix du Maître Autel. T. G. Jackson. 1895
Hochaltar Kreuz. T. G. Jackson. 1895

102

97 *Addurn islaw ffenestri dwyreiniol.*
Decoration below eastern lancets.
Décoration en-dessous des ogives à lancettes sur la façade est.
Verzierung unter den östlichen Spitzbogenfenstern.

98 *Seddau'r Offeiriaid yn y Cysegr.*
  Sedilia in Sanctuary. Notice the modern embroideries.
  Sedilia dans le sanctuaire. Notez la tapisserie moderne.
  Holzgestühl im Sanktuarium. Beachten Sie die moderne Stickerei.

99 *Teils o'r Canol Oesoedd ar lawr y Cysegr.*
  Mediaeval tiles on floor of Sanctuary.
  Sanctuaire: carrelage médiéval.
  Mittelalterliche Fliesen am Boden des Sanktuariums.

100

101

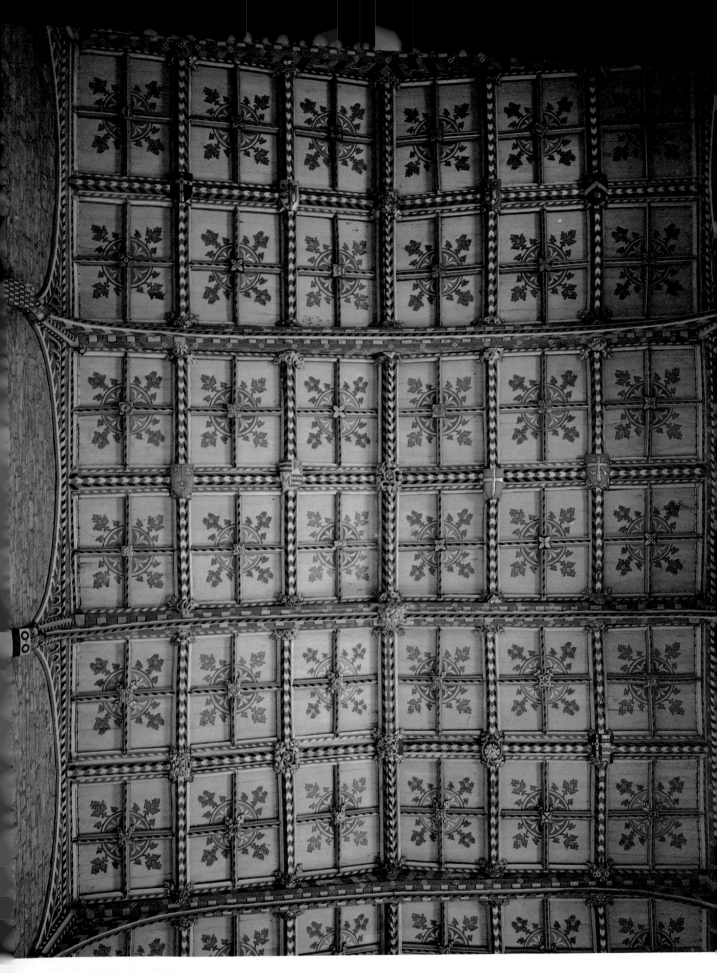

102 *Nenfwd y Gafell.*
   Presbytery ceiling.
   Plafond du presbitère.
   Decke des Presbyteriums.

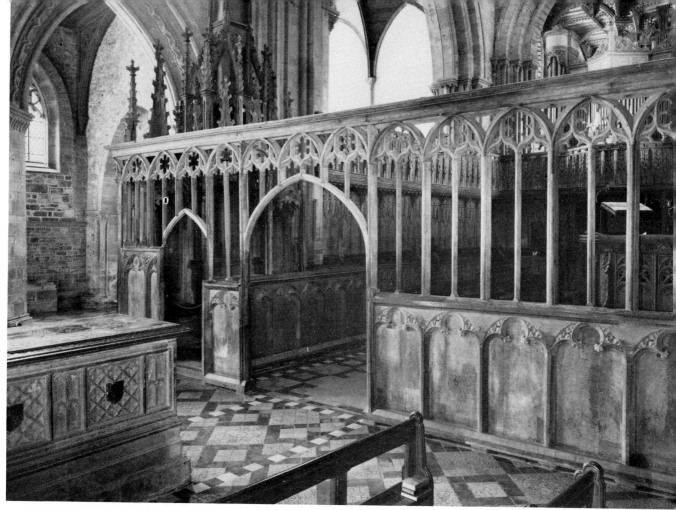

103 *Y Gafell a'r Sgrîn "Parclose".*
   Presbytery and Parclose Screen.
   Presbitère et le cloison.
   Presbyterium und "Parclose" Lettner.

104 *Seddau'r Côr a'r Organ.*
   Choir Stalls and Organ.
   Stalles des Choeurs et l'orgue.
   Chorgestühl und Orgel.

105 Gorsedd yr Esgob.
The Bishop's Throne.
Trone de l'Evêque.
Der Bischofs Thron.

106 *Pen mainc: Plu Tywysog Cymru.*
Bench end: Prince of Wales' Feathers.
Extrémité du banc: Plumes (emblême) du Prince de Galles.
Gestühlende: Federn des Kronprinzen.

107 *Pen mainc: Pomgranadau*
Bench end: Pomegranates.
Extrémité du banc: Grenadiers.
Gestühlende: Granatäpfel.

108 *Pen mainc: Arfbais Siaspar Tudur (m. 1495) a'r Esgob Tully (m. 148*
Bench end: Arms of Jasper Tudor (d. 1495) and Bishop Tully (d. 14
Extrémité du banc: armes de Jasper Tudor (mort en 1495) et l'Evêque T
(mort en 1482).
Gestühlende: Wappen von Jasper Tudor (gest. 1495) und Bischof Tully (
1482).

109 *Pen mainc: Rhosyn y Tuduriaid.*
Bench end: Tudor Rose.
Extrémité du banc: Rosace des Tudor.
Gestühlende: Tudorrose.

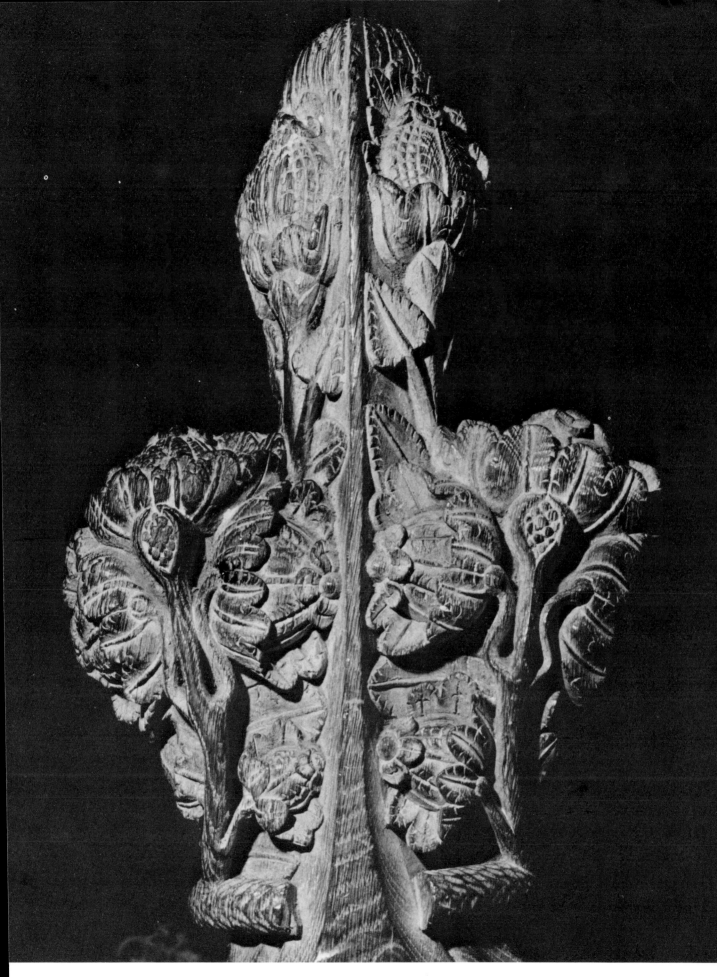

110 *Pen mainc: Pomgranadau.*
     Bench end: Pomegranates.
     Extrémité du banc: Grenadiers.
     Gestühlende: Granatäpfel.

111

111-119 'Misericordiau' cerfiedig.
Carved Misericords.
Miséricordes sculptés.
Geschnitzte Miserikordien.

112

113

116

117

118

119

120

121

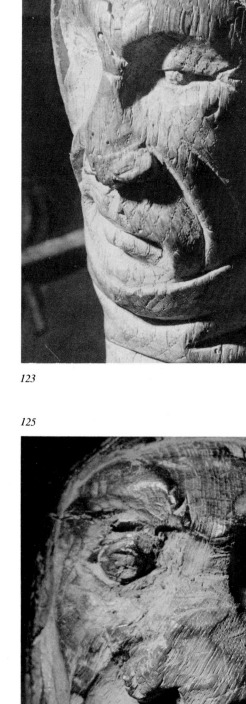

122

122-125 Cerfluniau ar freichiau Seddau'r Canoniaid.
Carved arm rests of Misericords.
Bras de support sculptés des miséricordes.
Geschnitzte Armlehnen der Miserikordien.

123

124

125

126 *Y Sedd Frenhinol.*
The Royal Stall.
Stalle Royale.
Der Königliche Chorstuhl.

127-130 *Pennau yn gerfiedig ar gefnau Seddau'r Canoniaid. (×5)*
Carved heads on stall-backs. (×5)
Têtes sculptées aux dossiers des stalles. (×5)
Geschnitzte Köpfe an den Rückenlehnen des Chorgestühls. (×5)

127

128

129

130

131 *Olion Creirfa Dewi Sant: y tu blaen.*
   Remains of St. David's Shrine: front.
   Restes de la châsse de St. David: le devant.
   Überreste von dem Schrein des heiligen Davids: Vorderseite.

132 *Olion Creirfa Dewi Sant: y tu ôl.*
   Remains of St. David's Shrine: rear.
   Restes de la châsse de St. David: l'arrière.
   Überreste von dem Schrein des heiligen Davids: Rückseite.

Nord et Sud des Allées des Choeurs

Les murs est de ces deux derniers représentent la limite est de la cathédrale du 12ième siècle. Il y a traces d'un toit et de fenêtres appartenant à une phase plus avancée que celle représentée par les arcades de l'actuel presbitère; c'est probablement à cette phase avancée que les non-utilisées et non-utilisables—voûtes attachées aux piles du presbitère appartiennent. Le mur nord de l'allée nord révèle traces d'une fenêtre arrondie bloquée. Au 14ième siècle des préparations furent arrangées pour voûter les allées des choeurs et de ce côté le mur sud fut reconstruit à peu prés 3 métres au sud. Dans ces allées les tombes de différents évêques, ministres et laïques peuvent être vues. La tombe montrée comme celle de Giraldus Cambrensis n'est probablement pas la sienne.

Les Allées de la Chapelle

Les allées nord et sud sont jointes par une transverse ou chemin de passage extérieur et il est possible que cette aréa couverte à l'est de l'édifice principal était utilisée pour processions en connection avec le culte de St. David. Les chapelles nord et sud des allées furent remodelées au 14ième et 16ième siècle. L'allée sud est dédicacée à St. Edouard le Confesseur et fut la dernière partie de la cathédrale à recevoir un nouveau toit et d'être restaurée au début du siècle. La décoration et matière avec lesquelles ceci fut exécuté — âlbatre — était le choix de la Dame de Maidstone, maintenant reposant au nord de l'autel; son effigie est au-dessus. L'autel, projeté par W. D. Caroe, depeind des scènes du Livre de Révélations. La Dame de Maidstone était l'arrière petite fille de l'évêque Banks Jenkinson (évêque de 1825-40), les robes qu'il porta pour le couronnement de la Reine Victoria sont conservées dans une boîte contre le mur nord de la chapelle. Au-dessus de la tombe de la Dame de Maidstone il y a une fenêtre laquelle apparait d'avoir appartenue à une phase avancée de la construction de la chapelle de la Vierge.

La chapelle nord de l'allée est dédicacée à St. Nicolas, et fut restaurée en mémoire du doyen Howell, lequel repose là. Durant la période médiévale celle-ci apparaît d'avoir été la chapelle des Wogan et il est probable que les armures appartenèrent aux membres de cette famille.

Il est intéressant de noter qu'il y a des traces de tentatives de pourvoir une voûte de pierre à la chapelle durant différentes périodes, et le fait que la chapelle retient pas seulement parties de son carrelage médiéval mais son plâtre interne.

Die Nord-und Südchorschiffe

Die Ostwände von beiden stellen die östliche Grenze der Kathedrale des 12. Jahrhunderts dar. Sie zeigen auch Spuren einer Dachlinie und Fensteranordnung, die zu einer früheren Phase als die der heutigen Arkaden des Presbyteriums gehören; es ist vielleicht zu dieser früheren Phase, dass die ungebrauchten — und unbrauchbaren — Gewölbesäulen gehören, die an den Presbyteriumspfeilern angeschlossen sind. Im 14. Jahrhundert wurden nochmals Vorbereitungen getroffen, die Chorschiffe zu überwölben und die Südwand wurde zu diesem Zweck einen Fuss weiter nach Süden wieder aufgebaut. In diesen Schiffen sieht man die Grabmäler verschiedener Bischöfe, Geistlicher und Laien. Das Grabmal des Giraldus Cambrensis ist höchst wahrscheinlich nicht seins.

Die Kapelleseitenschiffe

Beide Nord-und Südseitenschiffe sind durch eine querlaufende Vorkapelle oder einen Wandelgang verbunden und es ist möglich, dass dieser überdachte Platz zum Osten des Hauptgebäudes für die mit dem Kult des heiligen David's zu tun habenden Prozessionen benutzt wurden. Beide Kapelleseitenschiffe wurden in den 14. und 16. Jahrhunderten umgebaut. Das Südseitenschiff ist dem König Edward dem Bekanner geweiht und es war der letzte Teil der Kathedrale, der am Anfang dieses Jahrhunderts wiederbedacht und restauriert wurde. Die Alabasterverzierung war die Wahl von Lady Maidstone, die im Grabmal nördlich des Alters begraben ist: ihr Bildnis liegt darauf. Das von W. D. Caroe entworfene Altarbild zeigt Szenen aus dem Buch der Offenbarung des heiligen Johannes. Lady Maidstone war die Urenkelin des Bischofs Banks Jenkinson (Bischof 1825-1840) und die von ihm bei der Krönung der Königin Viktoria getragenen Amtsroben sind in einem Schaukasten an der Nordwand der Kapelle preserviert. Über dem Grabmal von Lady Maidstone ist ein blockiertes Fenster, das scheinbar zu einer früheren Phase der Baugeschichte der Marienkapelle gehört.

Das Nordseitenschiff der Kapelle ist dem heiligen Nikolaus geweiht und wurde als Denkmal für Dekan Howell (Llawdden) restauriert, der darin begraben liegt. Im Mittelalter war dies vielleicht die Wogan Messenstiftung und die Effigien in Rüstung sind wahrscheinlich Mitglieder jener Familie. Interessant sind die Spuren von Versuchen zu verschiedenen Zeiten, ein Steingewölbe für die Kapelle zu bauen und interessant auch, dass die Kapelle nicht nur manche ihrer mittelalterlichen Fliesen behalten hat, sondern auch ihren inneren Verputz.

Eiliau Gogleddol a Deheuol y Corau

Mae muriau dwyreiniol y rhain yn cynrychioli ffin ddwyreiniol y Gadeirlan yn y ddeuddegfed ganrif. Dangosant olion toeon a ffenestri sy'n perthyn i gyfnod cynt nag arcedau'r gafell bresennol. I'r cyfnod hwn hwyrach y perthyn y siafftiau bwaog a gysylltiwyd wrth golofnau'r gafell. Mae mur gogleddol yr eil ogleddol yn dangos olion ffenestr bengrom. Yn y bedwaredd ganrif ar ddeg gwnaethpwyd paratoadau i wneud to bwaog dros eiliau'r côr, ac i'r diben hwnnw ailadeiladwyd y mur deheuol tua throedfedd i'r de. Yn yr eiliau hyn gwelir beddau gwahanol esgobion, offeiriaid a lleygwyr. Mae'n annhebyg mai bedd Gerallt Gymro yw'r hwn a briodolir iddo.

Eiliau Capel

Cysylltir eiliau'r gogledd a'r dê gan rodfa ac mae'n bosibl y defnyddid y rhan amgaeëdig hon i'r dwyrain o'r prif adeilad ar gyfer gorymdeithiau'n ymwneud ag addoliad Dewi Sant. Ad-drefnwyd yr eiliau yn y bedwaredd ganrif ar ddeg a'r unfed ganrif ar bymtheg. Cysegrwyd yr eil ddeheuol i Sant Edward Gyffeswr. Dyma'r rhan olaf o'r Gadeirlan i'w thoi a'i hadfer ddechrau'r ganrif hon. Dewis y Fonesig Maidstone oedd yr addurn a'r defnydd sef mwyn gwyn. Fe orffwys hi mewn bedd i'r gogledd o'r allor a'i cherflun ar ben y bedd. Mae'r allor a gynlluniwyd gan W. D. Caroe yn dangos golygfeydd o Lyfr Datguddiad. Yr oedd y Fonesig Maidstone yn or-wyres i'r Esgob Banks Jenkinson a fu'n Esgob o 1825 hyd 1840. Mewn cas sy'n gorffwys yn erbyn mur gogleddol y Capel cedwir y dillad a wisgodd yng Nghoroni'r Frenhines Victoria. Uwchben bedd y Fonesig Maidstone mae ffenestr wedi ei chau sy'n perthyn yn ôl pob tebyg i gyfnod cynt yn hanes adeiladol Capel Mair.

Cysegrwyd eil ogleddol y Capel i Sant Nicolas ac fe'i hadferwyd fel cofeb i'r Deon Howell (Llawdden) sydd wedi ei gladdu yno. Yn y canol oesoedd mae'n bur debyg mai capel a waddolwyd gan y teulu Wogan oedd yma, a rhai aelodau o'r teulu yw'r cerfluniau sy'n gwisgo arfau. Gwelir olion ymgeision i roi to bwaog i'r capel ar wahanol adegau, ac mae'n ffaith fod y capel yn cynnwys o hyd rai o'r teils canol oesol ar y llawr yn ogystal â'r plastr y tu mewn.

The North and South Choir Aisles

The east walls of both of these represent the eastern limit of the twelfth century Cathedral. They show traces too, of a roof line and fenestration belonging to a phase earlier than that represented by the present presbytery arcades; it is, perhaps, to this earlier phase that the unused—and unusable—vaulting shafts attached to the presbytery piers belong. The north wall of the north aisle also reveals traces of a blocked round-headed window. In the fourteenth century, preparations were again made to vault the choir aisles, and to that end the south wall was rebuilt about a foot to the south. In these aisles can be seen the tombs of various bishops, clergy and laity. It is unlikely that the tomb shown as his is that of Giraldus Cambrensis.

The Chapel Aisles

The North and South aisles are joined by a transverse ante chapel or ambulatory, and it is possible that this covered area to the east of the main building was used for processions in connection with the cult of St. David. Both North and South chapel aisles were remodelled in the fourteenth and sixteenth centuries. The south aisle is dedicated to St. Edward the Confessor and was the last part of the Cathedral to be reroofed and restored at the beginning of this century. The decoration and the material in which it was executed—alabaster—was the choice of Lady Maidstone, whose remains lie buried in the tomb to the north of the altar; her effigy lies on top of it. The altar piece, designed by W. D. Caroe, depicts scenes from the Book of Revelation. Lady Maidstone was the great granddaughter of Bishop Banks Jenkinson (Bishop 1825-40), and the robes worn by him at Queen Victoria's Coronation are preserved in a case against the north wall of the Chapel. Above Lady Maidstone's tomb is a blocked window which appears to belong to an early phase of the Lady Chapel's building history.

The North Chapel aisle is dedicated to St. Nicholas, and was restored as a memorial to Dean Howell (Llawdden) who lies buried in it. In the mediaeval period this appears to have been the Wogan Chantry and it is probable that the effigies in armour are members of that family. Of interest are the traces of attempts to provide a stone vault to the chapel at various periods, and the fact that the chapel has retained not only some of its mediaeval floor tiles, but its internal plaster.

133 Eil Ogleddol y Côr: Talcen Dwyreiniol Cadeirlan y Ddeuddegfed Ganrif.
North Choir Aisle: East End of Twelfth Century Cathedral.
Allée nord du choeurs est de la cathédrale du 12ième siècle.
Das heutige Nordchorschiff. Ostende der Kathedrale im 12. Jahrhundert.

134 *Yr Eil—Capel Gogleddol: Capel Sant Nicolas.*
North Chapel Aisle: St. Nicholas' Chapel.
Allée nord de la chapelle de St. Nicolas.
Das nördliche Kapelleseitenschiff. Die Kapelle des
heiligen Nikolaus.

135 *Yr Eil—Capel Gogleddol: Capel Sant Nicolas.*
North Chapel Aisle: St. Nicholas' Chapel.
Allée nord de la chapelle de St. Nicolas.
Das nördliche Kapelleseitenschiff. Die Kapelle des heiligen Nikolaus.

136 *Syr Gilbert Scott, Yr Athro E. A. Freeman, Yr Esgob Basil Jones a'r Deon
Allen ac eraill tu allan i Gapel y Drindod.*
*Sir Gilbert Scott, Professor E. A. Freeman, Bishop Basil Jones, Dean Allen and
others outside Holy Trinity Chapel.*
*Sir Gilbert Scott, Professeur E. A. Freeman, Evêque Basil Jones, Doyen Allen
et autres à l'exterieur de la Chapelle de la Sainte Trinité.*
*Sir Gilbert Scott, Professor E. A. Freeman, Bischof Basil Jones, Dekan Allen
und Andere vor der Kapelle der Heiligen Dreifaltigkeit.*

137 *Eil Ddeheuol y Côr: sylwer ar fwtres y tŵr.*
   South Choir Aisle: note tower buttress.
   Allée sud du choeurs: notez les contreforts de la Tour.
   Das südliche Chorschiff. Beachten Sie Turmstrebepfeiler.

138 *Y capanau ynghyd ag olion paentiadau canoloesol o Harri IV a welir yn eil corff*
   y de.
   Details of capitals and remains of mediaeval painting of Henry IV in south nave
   aisle.
   Détail des chapiteaux et restes d'une peintures médiévale d'Henri IV dans l'allée
   de la nef sud.
   Detail der Kapitelle und Überreste von mittelalterlicher Malerei von Henry IV
   im Südlichen Seitenschiff.

139 *Yr Eil—Capel Deheuol: Capel Sant Edward Gyffeswr cyn ac ar ôl adferiad.*
South Chapel Aisle: St. Edward the Confessor's Chapel before and after
restoration.
Allée sud de la chapelle de St. Edouard le Confesseuravant devant et après la
restauration.
Das südliche Kapelleseitenschiff. Die Kapelle von dem heiligen Eduard dem
140 *Bekenner vor und nach Restaurierung.*

Y Blaen-Gapel

Mae'r ddau fwa sy'n agor i'r Blaen-gapel o eiliau'r Capel yn dod o'r drydedd ganrif ar ddeg er fod hwnnw i'r gogledd o gyfnod cynt ac wedi ei addurno ag addurn pen hoelen a gwifren, sy'n nodweddiadol o'r dull Seisnig Cynnar. Codwyd to'r Blaen-gapel yn yr unfed ganrif ar bymtheg ac yn yr un cyfnod gosodwyd y to bwaog. Lluniwyd y boglynnau yn ystod y deng mlynedd diwethaf. Gostyngwyd y bwa sy'n arwain i Gapel Mair ac yn wreiddiol efallai mai agoriad i le bychan i gadw allorau oedd yno.

The Ante Chapel

The two arches opening into the Antechapel from the Chapel aisles are of the thirteenth century; that to the north is earlier and is decorated with nail head and cable ornament, characteristic of the Early English style. The roof of the ante chapel was raised in the sixteenth century when the present stone vault was inserted; the bosses were recoloured in the 1970s. The arch which opens into the Lady chapel is depressed and may originally have opened only into a small space for altars.

L'Antichapelle

Les 2 arches s'ouvrant de l'antichapelle à l'allée de la Chapelle sont du 13ième siècle; celle du nord est plus récente et est décorée de clous et de câbles, caractéristique du début du style anglais. Le toit de l'antichapelle fut élevé au 16ième siècle quand l'actuelle voûte de pierre fut insertée; les bossages furent repeints dans les années 1970. L'arche ouvrant la Chapelle de la Vierge est reculée et originalement fut probablement l'entrée pour les autels.

Die Vor-Kapelle

Die zwei Bögen, die vom Kapelleschiff in die Vor-kapelle führen, sind aus dem 13. Jahrhundert. Der zum Norden führende ist älter und typisch für die Frühgotik mit Nagelkopf und Schiffstauverzierung dekoriert. Das Dach der Vor-kapelle wurde im 16. Jahrhundert erhöht, indem das heutige Steingewölbe hineingebaut wurde. Die Bossen wurden in den 1970-er Jahren übermalt. Der Bogen, welcher in die Marienkapelle führt, ist niedergedrückt und führte vielleicht früher nur in einen kleinen Raum für Altare.

141

Efydd o'r 19eg ganrif ar Feddrod Edmwnd Tudur.
Nineteenth century brass on tomb of Edmund Tudor.
Bronze du 19ième siècle sur le tombeau d'Edmund Tudor.
Messing des 19 jahrhunderts auf dem Grabmal des Edmund Tudor.

142 Y Blaen-Gapel: Bwau Gothig (Seisnig Cynnar).
Ante-Chapel: Early English couplet.
Antichapelle: Notez le toit du début du style anglais.
Vor-Kapelle. Gotisches Gebinde.

143 Addurn ar fwau'r Blaen Gapel.
Nail head decoration on Early English couplet.
Notez l'enrichissement dans l'architecture du début du style anglais.
Nagelkopfverzierung am gotischen Gebinde.

144 Addurn ar fwau'r Blaen Gapel.
Cable decoration on Early English couplet.
Notez moulures romanes immitant une corde tressée du début du style anglais.
Schiffstauverzierung am gotischen Gebinde.

145 *Y Blaen Gapel.*
The Ante-Chapel.
L'Antichapelle.
Die Vor-kapelle.

Capel Mair

Adeiladwyd hwn ym mhen dwyreiniol yr Eglwys Gadeiriol a bu rhaid erchwyn y llechwedd y tu ôl iddo er mwyn gwneud lle i'r adeilad. Yn syth i'r dwyrain o'r mur allanol yr oedd ffynnon, ffynnon Dewi yn nhyb rhai, ac yr oedd gorlif hon yn gwneud cryn ddifrod i'r Gadeirlan nes i Scott ei sychu ynghyd â gweddill yr adeilad. Mae gwedd Capel Mair yn rhoi'r argraff anghywir gan fod iddo hanes adeiladol cymhleth. Dechreuwyd yr adeilad yn ddiweddar yn y drydedd ganrif ar ddeg ac fe'i gorffennwyd gan yr Esgob Martin (m. 1328) yn y ganrif ddilynol ar ffurf pum cilfach a tho crwm. Er ei bod wedi ei chau gellir gweld un o'r ffenestri o hyd. Ychwanegodd yr Esgob Gower y beddau a'r seddau carreg ar gyfer yr offeiriaid. Newidiodd yr Esgob Vaughan y cwbl gan ei wneud yn adeilad Unionsgwar dwy gilfach. Collwyd y plwm yn yr ail ganrif ar bymtheg ond ni chwympodd y nenfwd bwaog hyd 1775. Fe'i hailadeiladwyd gan Oldrid Scott ddechrau'r ganrif hon. Gwelir nifer o'r boglynnau gwreiddiol o'r unfed ganrif ar bymtheg yn y to presennol. Fe'i hatgyweiriwyd, a phaentiwyd boglynnau'r to yn ystod y ddegawd ddiwethaf. Dodwyd organ yno yn ogystal â sgrîn newydd o waith Frank Roper. Gwaith Kempe yw'r ffenestri gwydr lliw sy'n tarddu o adferiad 1901. Y tu allan ceir y Forwyn Mair a'r Plentyn ar y tâl maen dwyreiniol sy'n ychwanegiad pleserus gan Oldrid Scott.

Chapelle de la Vierge

Elle fut construite à l'est de la cathédrale et fut la cause de l'escarpement de la côte pour faire de la place. A l'est du mur extérieur de la chapelle il y avait un puits lequel apparemment appartenait à St. David, son débordement causa de considérables dommages à la cathédrale jusqu'à ce que Scott le ferma et le vida. L'histoire de la construction de la chapelle de la Vierge est complexe, démentie par son actuelle apparence. Elle apparaît d'avoir été commencée à la fin du 13ième siècle et au 14ième siècle elle fut complétée par 5 travées voûtées par l'évêque Martin (mort en 1328); une des fenêtres bien que bloquée peut être vue aujourd'hui. L'évêque Gower y ajouta les tombes et les 3 bancs réservés au clergé et l'évêque Vaughan la remodella complètement en forme de baies perpendiculaires. Elle perdu son plomb au 17ième siècle mais le plafond voûté ne s'effondra qu'en 1775. Il fut reconstruit par Oldrid Scott au début du 20ième, il y a plusieurs bossages, originaux du 16ième siècle dans l'actuelle voûte. Elle fut refournie et le toit des bossages reconstruit dans les années 1970; l'orgue et la porte moderne en verre furent introduits par Frank Roger. Les vitraux datent de la restauration de 1901 et sont de Kempe. La Vierge et L'Enfant, sur le pignon, est une heureuse addition d'Oldrid Scott.

The Lady Chapel

This was built at the east end of the Cathedral, and involved the scarping of the hillside behind in order to make room. Immediately to the east of the exterior wall of the chapel there was a well, reputedly that of St. David, whose overflow caused considerable damage to the Cathedral until Scott closed and drained it, along with the rest of the building. The Lady Chapel has a complex building history, belied by its present appearance. It appears to have been commenced in the late thirteenth century, then in the fourteenth it was completed as a five bay vaulted structure by Bishop Martin (d. 1328); one of the windows, though blocked, can still be seen. Bishop Gower added the tombs and sedilia, and Bishop Vaughan remodelled it completely as a two bay Perpendicular building. It lost its lead in the seventeenth century but the vaulted ceiling did not collapse until 1775. It was reconstructed by Oldrid Scott at the beginning of the twentieth century; there are several of the original sixteenth century bosses in the present vault. It was refurbished, and the roof bosses repainted in the 1970's; the organ was introduced and the new screen, the work of Frank Roper, was added. The stained glass windows date from the restoration of 1901 and are by Kempe. Outside, the Madonna and Child on the eastern gable is a happy addition by Oldrid Scott.

Die Marienkapelle

Diese wurde am Ostende der Kathedrale gebaut und brachte mit sich das Abdecken des Hügels dahinter, um Platz zu machen. Direkt östlich der Aussenwand der Kapelle gab es einen Brunnen, (vermutlich von St. David) dessen Überlauf der Kathedrale schwere Schäden zufügte, bis Scott ihn verschloss und entwässerte, zusammen mit dem Rest des Gebäudes. Die Marienkapelle hat eine komplizierte Baugeschichte, was ihrem heutigen Aussehen nicht entspricht. Sie wurde scheinbar im späten 13. Jahrhundert angefangen dann im 14. Jahrhundert als Gewölbekonstruktion mit fünf Abteilungen von Bischof Martin (gest. 1328) fertiggestellt. Eins der Fenster ist, obwohl verschlossen, noch zu sehen. Bischof Gower baute die Grabmale und das Steingestühl (Sedilia) und Bischof Vaughan baute sie völlig als zwei Abteilungsgebäude im englischen spätgotischen Stil um. Das Blei wurde im 17. Jahrhundert entfernt, aber die Gewölbedecke stürzte erst 1775 ein. Sie wurde am Anfang des 20. Jahrhunderts von Oldrid Scott wiederaufgebaut. In der heutigen Dekke sind mehrere originale Bossen aus dem 16. Jahrhundert zu sehen. Sie wurde in den 1970er Jahren renoviert und die Dachbossen frisch angemalt. Die Orgel wurde eingeführt und die neue Schranke von Frank Roper angebaut. Die Buntglasfenster gehen auf die Restaurierung von 1901 zurück und sind von Kempe. Die Madonna mit Kind am Ostgiebel ist ein angenehmer Zusatz von Oldrid Scott.

146 *Capel Mair o'r Blaen Gapel.*
Lady Chapel from Ante-Chapel.
Chapelle de La Vierge vue de l'Antichapelle.
Marienkapelle von der Vor-Kapelle gesehen.

133

147 Capel Mair.
   The Lady Chapel.
   Chapelle de La Vierge.
   Die Marienkapelle.

148 *Capel Mair ar ôl 1811.*
  Lady Chapel after 1811.
  Chapelle de La Vierge après 1811.
  Marienkapelle nach 1811.

149 *Y Forwyn Fair a'r Baban Iesu ar dalcen dwyreiniol Capel Mair.*
  Madonna and Child on east end of Lady Chapel.
  La Vierge et L'Enfant à l'est de la Chapelle de La Vierge.
  Madonna mit Kind am Ostende der Marienkapelle.

Chapelle de la Sainte Trinite

Avant la construction de cette chapelle, l'endroit derrière le Maître Autel, sans doute laissé vide pour permettre à la lumière de pénétrer à travers les ogives à lancettes derrière ce dernier, avait la réputation d'être le plus sale et plus horrible point dans toute la cathédrale, puisque c'était complétement renfermé par les allées de la chapelle. Edward Vaughan, mort en 1522, choisit cet endroit pour se construire une chapelle. Elle fut construite en pierre à chaux, de style perpendiculaire comme les croisées d'orgive, les décorations le témoignent. La construction de la voûte entraîna le bloquement des fenêtres en orgive à l'est. Au plafond il y a des boucliers de pierre colorée, blasons de Vaughan et d'Henry VII. Une statue moderne de Vaughan et celle de Giraldus de Barri (Giraldus Cambrensis) occupent les replis de chaque côté de l'autel. Elles furent placées là quand la chapelle fut restaurée par W. D. Caroe dans les années 1920 et faites de pierres médiévales gravées. De même, W. D. Caroe plaça le reredos du 14ième siècle à sa place actuelle. Durant restauration dans les années 1860 le repli dans le mur ouest, probablement en connection avec l'emplacement de la châsse de St. David (datant du 12ième siècle) à côté du Maître Autel et les os de 2 ou 3 hommes, reposant dans du mortier furent découverts sur son seuil. Ils furent recouverts en 1920 et placés dans le reliquaire de chêne. Bien que l'on n'en soit pas sûr on pense que ces os sont ceux de St. David et son confesseur St. Justinian. De-même ces os auraient pû être bougés quand le niveau du sol fut abaissé, quand la chapelle fut construite et ils auraient pu être placés dans le repli lequel fut bloqué dans les années 1520. De plus les reliques de St. David, lesquelles furent prises par l'évêque Barlow durant la Réformation, consistent seulement de "deux têtes en argent", l'os d'un bras et un livre mangé par les vers. D'un autre côté, l'évidente attention prise pour préserver les os n'exclue pas la possibilité qu'ils pourraient être des reliques de St. David, St. Justinian et peut-être de St. Caradog. Quoiqu'il en soit dans le coffre de chêne il y a un reliquaire présenté par les patriarches orthodoxes en 1925.

Les cloisons de pierres fines de chaque côté de la chapelle montrent les intempéries supportées quand les allées n'avaient pas de toit.

Les fenêtres de chaque côté de l'autel apparaissent de n'avoir jamais été finies proprement et d'avoir été bloquées aussitôt après leur construction. Elles furent ouvertes durant la restauration de la chapelle par W. D. Caroe.

Die Kapelle der Heiligen Dreifaltigkeit

Vor dem Bau dieser Kapelle hatte der Raum hinter dem Hochaltar, der leer gelassen wurde, um Licht durch die Spitzbogenfenster hinter dem Altar hineinzulassen, den Ruf, die schmutzigste und abscheulichste Stelle in der Kathedrale zu sein, da sie durch die beiden Seitenschiffe der Kapelle völlig eingeschlossen gewesen sein musste. Edward Vaughan (gest. 1522) wählte diese Stelle, um für sich eine Messenstiftung darauf zu bauen. Diese wurde aus Oolithkalkstein in der englischen Spätgotik gebaut, wie das Fächergewölbe und die Verzierung zeigen. Der Gewölbebau machte das Blockieren der östlichen Spitzbogenfenster erforderlich. An der Decke sind gefärbte Steinschilde, die die Wappen des Bischofs Vaughan und Heinrichs VII tragen. Ein modernes Abbild von Vaughan, zusammen mit dem von Giraldus de Barri (Giraldus Cambrensis) besetzen die Nischen auf beiden Seiten des Altars. Sie wurden an die Seiten des aus mittelalterlichen, gemeisselten Steinwerstücken aufgebauten Altars gesetzt, als die Kapelle in den 1920-er Jahren von W. D. Caroe restauriert wurde. Er war auch für das Plazieren des aus dem 14. Jahrhundert Retabels an seiner heutigen Stelle verantwortlich. Während der Restaurierung der 1860er Jahre wurde die Nische in der Westwand, die wahrscheinlich mit der Lage des Schreins des heiligen Davids im 12. Jahrhundert neben dem Hochaltar verbunden war, aufgemacht und auf ihrem Sims entdeckte man die im Pflaster verwurzelten Gebeine zweier oder vielleicht dreier Männer. Sie wurden unter dem Boden begraben aber 1920 wieder ausgegraben und in das Eichenholzreliquienkästchen gelegt. Der Standpunkt, der versucht, diese Gebeine als diejenigen des heiligen Davids und seines Beichtvaters, des heiligen Justinians, anzuerkennen, stützt sich völlig auf Vermutung. Man konnte ebenso sagen, dass es Gebeine sind, die durch die Senkung der Bodenhöhe gestört wurden, als die Kapelle gebaut wurde und dass man sie aus Ehrfurcht in die Nische legte, die in den 1520er Jahren oder den 1540er Jahren blockiert wurde. Ausserdem bestanden die Reliquien des heiligen Davids, die Bischof Barlow zur Reformationszeit in Besitz nahm, aus nur "zwei Silberköpfen, einem Armknochen und einem wurmstichigen Buch." Andererseits hat man sich um die Präservierung der Knochen so gut gekümmert, dass die Möglichkeit besteht, dass diese Knochen einige Reliquien des heiligen Davids, Justinians und vielleicht Caradocs sind. In dem Eichenholzreliquienkästchen befindet sich auch eine Reliquie, die von den griechisch-katholischen Patriarchen 1925 geschenkt wurde. Die schönen Steinschranken auf beiden Seiten der Kapelle zeigen Zeichen der Verwitterung, die sie während ihrer Aussetzung an die Elemente erlitten solange die Seitenschiffe unbedacht waren.

Capel y Drindod Sanctaidd

Cyn adeiladu'r capel hwn, gadawyd y lle tu ôl i'r brif allor yn wag er mwyn gadael i oleuni dreiddio i'r ffleimiau y tu cefn iddi. Yn ôl pob cyfrif dyma ran fwyaf bawlyd ac anniben yr Eglwys Gadeiriol gan ei bod wedi ei chau yn llwyr gan eiliau'r capel. Dewisodd Edward Vaughan (m. 1522) y safle hwn i adeiladu capel gwaddol, iddo'i hun. Fe'i hadeiladwyd o galchfaen wlitig yn y dull Unionsgwar, fel y tystia'r cryndo a'r addurn. Golygai adeiladu'r cryndo y byddai'n rhaid cau'r ffleimiau dwyreiniol. Ar y nenfwd gwelir tariannau carreg ac arfbeisiau Vaughan a Harri'r Saithfed wedi eu llunio arnynt. Mewn cloeriau o bobtu'r allor gwelir cerfiadau o Vaughan a Geraldus de Barri (Gerallt Gymro). Adeilawyd yr allor o waith carreg cerfiedig o'r canol oesoedd a dodwyd y cerfiadau yno pan adferwyd y capel gan W. D. Caroe yn y 1920au. Ef oedd yn gyfrifol am osod y reredos neu'r sgrîn gerfiedig sydd y tu ôl i'r allor yn ei safle presennol. Yn ystod yr adferiad yn y 1860au agorwyd y gilfach yn y mur gorllewinol a gysylltir â safle beddrod Dewi Sant o'r ddeuddegfed ganrif ger y brif allor. Ar sil y gilfach darganfuwyd esgyrn dau neu dri dyn yn y mortar. Fe'u claddwyd o dan y llawr, ond yn 1920 gosodwyd hwy mewn creirfa dderw. Mae rhai yn tybio mai dyma esgyrn Dewi Sant a'i gyffeswr, Sant Stinan, ond gellir honni mai esgyrn oeddent y tarfuwyd arnynt pan ostyngwyd y ddaear, fel mae'n sicr y gwnaethpwyd, wrth adeiladu'r capel. Gosodwyd yr esgyrn o barch yn y gilfach a gaewyd yn y 1520au yn hytrach nag ugain mlynedd yn ddiweddarach. Cymerwyd creiriau Dewi Sant gan yr Esgob Barlow, sef 'dau ben arian', 'dau asgwrn braich', a 'llyfr wedi ei fwyta gan bryfed'. Ar y llaw arall, oherwydd ei bod hi'n amlwg i'r esgyrn gael eu cadw yn ofalus yn y gorffennol, mae'n bosibl mai rhai o greiriau Dewi, Stinian a Charadog ydynt. Mae yn ogystal, yn y gist dderw, greirfa a gyflwynwyd gan batriarchiaid y ffydd Uniongred yn 1925.

Mae'r sgriniau cain o faen o bobtu'r capel yn dangos arwyddion y difrod a wnaethpwyd iddynt gan y pedwar gwynt pan oedd eiliau'r capel yn ddi-do.

Mae'n bur debyg na orffennwyd y ffenestri sydd ger yr allor ac iddynt gael eu cau yn syth ar ôl eu hadeiladu. Agorwyd hwynt pan fu W. D. Caroe yn adfer y Capel.

Holy Trinity Chapel

Prior to the building of this chapel, the space behind the high altar, left empty no doubt to allow light to enter the lancets behind the high altar, had the reputation of being the filthiest and nastiest spot in the whole Cathedral, since it must have been totally enclosed by the chapel aisles. Edward Vaughan (d. 1522) chose this area to build a chantry chapel for himself. It was constructed in oolitic limestone, in the Perpendicular style, as the fan vaults and decoration testify. The construction of the vault entailed the blocking of the eastern lancets. On the ceiling are coloured stone shields bearing the arms of Vaughan and those of Henry VII. A modern figure of Vaughan, together with one of Giraldus de Barri (Giraldus Cambrensis) occupy the niches on each side of the altar. They were placed there, on each side of the altar built up of pieces of carved mediaeval stonework, when the chapel was restored by W. D. Caroe in the 1920s. He was also responsible for placing the fourteenth century reredos in its present position.

During restoration in 1866 the recess in the west wall, connected probably with the site of the twelfth century shrine of St. David near the high altar, was opened out, and on its sill were discovered bones, of two and possibly three men, embedded in mortar. They were interred beneath the floor but recovered in 1920 and placed in the oak reliquary. The point of view that seeks to identify these bones as the actual bones of St. David and his confessor St. Justinian, rests wholly on conjecture. It is equally in order to suggest that they are bones disturbed when the ground level was lowered, when the chapel was built, and that they were placed out of reverence in the recess which was blocked up in the 1520's rather than the 1540s. Further, the relics of St. David, which were seized by Bishop Barlow at the Reformation, consisted only of two 'silver plated heads', two 'arm bones' and a 'worm-eaten book'. On the other hand, the evident care taken in preserving the bones does not preclude the possibility that these are some of the relics of St. David, St. Justinian and perhaps of St. Caradog. There is, also, in the oak chest a reliquary presented by the Orthodox patriarchs in 1925.

The fine stone screens at each side of the chapel show signs of the weathering they suffered during their exposure to the elements, while the chapel aisles were unroofed.

The windows on each side of the altar do not appear to have been finished off properly, and seem to have been blocked up as soon as they were built. They were opened out in the W.D. Caroe restoration of the Chapel.

137

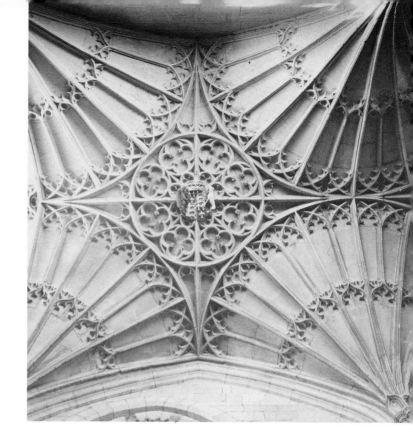

150 *Capel y Drindod: y Nenfwd.*
   Trinity Chapel: the Ceiling.
   Chapelle de la Trinité: le plafond.
   Kapelle der heiligen Dreifaltigkeit. Die Decke.

151 *Capel y Drindod: y Sgrin ogleddol.*
   Trinity Chapel: Screen on north side.
   Chapelle de la Trinité: cloison côté nord.
   Kapelle der Heiligen Dreifaltigkeit. Steinschranke an der Nordseite.

152 *Golwg gyffredinol ar Gapel y Drindod.*
  General view of Trinity Chapel.
  Vue générale de la Chapelle de la Trinité.
  Ansicht der Kapelle der Heiligen Dreifaltigkeit.

153 *Capel y Drindod: ffenestri'r allor o'r tu cefn.*
Trinity Chapel: rear view of blocked eastern lancets.
Chapelle de la Trinité: vue arrière des ogives à lancettes sur la façade est.
Kapelle der Heiligen Dreifaltigkeit. Rückbild der blockierten Ostspitzbogenfenster.

154 *Capel y Drindod: Cloer a'r Gist fodern.*
Holy Trinity Chapel: Niche and modern Reliquary.
Sainte Chapelle de la Trinité: niche et reliquaire moderne.
Kapelle der Heiligen Dreifaltigkeit. Nische und modernes Reliquienkästchen.

155 *Y Greirfa a gyflwynwyd i'r Gadeirlan gan y Patriarchiaid Uniongred.*
Reliquary given to Cathedral by Orthodox Patriarchs.
Reliquaire donné à la Cathédrale par les patriarches orthodoxes.
Eine von den griechisch-katholischen Patriarchen geschenkte Reliquie.

141

AGEAGNUS DEIQUI TOLLIT.PAE CATAMUND

156 Cerfluniau y tu cefn i allor Capel y Drindod.
Carved Reredos of Holy Trinity Chapel.
Rétables sculptés de la Sainte Chapelle de la Trinité.
Geschnitztes Retabel aus der Kapelle der Heiligen Dreifaltigkeit.

157 Cerfluniau wedi eu hymgorffori yn allor Capel y Drindod.
158 Carvings incorporated into altar of Trinity Chapel.
Sculptures incorporées dans l'autel de la Sainte Chapelle de la Trinité.
Bildhauerarbeit im Altar der Kapelle der Heiligen Dreifaltigkeit.

159 *Capel y Drindod: cerflun o Gerallt Gymro.*
Holy Trinity Chapel: Giraldus Cambrensis.
Sainte Chapelle de la Trinité: Giraldus Cambrensis.
Kapelle der Heiligen Dreifaltigkeit. Giraldus Cambrensis.

Les Transepts

Les transepts nord et sud contiennent le bon exemple du mélange d'arches rondes et pointues lesquelles caractérisent le style de transition à St. Davids. Le plomb fut retiré des toits de ces 2 derniers dans les années 1640 et replacé en 1696. L'actuelle attrayante arête de chêne, montrant les armures des évêques et doyens du milieu du 19ième siècle, fut érigée durant la restauration de Scott. Quoiqu'il en soit avant la venue de Scott, travail fut fait sur les transepts par Butterfield. Il convertit le transept sud en une paroisse en 1844 et inserra la grande fenêtre nord dans le transept nord laquelle était une copie de celle de Sleaford.

Le transept nord est dédicacé à St. André, et la chapelle moderne de St. André laquelle occupe le milieu de la voûte à l'est du transept est le monument de commémoration pour la guerre dans le département de Pembroke. Dans le mur supportant les stalles des choeurs se trouve le tombeau de St. Caradog, saint ermite, lequel passa ses dernières années dans les environs d'Haverfordwest; il fut canonisé par Giraldus Cambrensis. Au-dessus de son tombeau il y a le monument du composeur Thomas Tomkins, né à St. Davids, ce monument fut établi en 1956 pour marquer les 300 ans de sa mort. Dans le mur ouest du transept il y a un passage bloqué dans le cloître, avec une pair de fenêtres arrondies au-dessus (de-même bloquées); ces dernières appartiennent au 12ième siècle.

Le transept sud fut restauré par Scott, par bouger la paroisse; aujourd'hui le monument tout entier a la double fonction de cathédrale et de paroisse. Il débloqua l'arche de la tour sud et posa un nouveau plancher dans les transepts. Les sacristies furent bougées ici dans les années 1950. Au mur ouest, une liste d'évêques, peints sur carreaux, fut mise ici dans les années 1920. A ce moment ceci apporta d'adverses commentaires et est totalement inexacte dans ces colonnes. De-même dans les transepts il y a une icone, laquelle fut une fois possession de l'abbaye de Talley, dépeignant les Corbeaux nourrissant Elijah. Elle date possiblement du 14ième siècle. Audessus il y a une table du 18ième siècle sur laquelle un autel de pierre fut fixé. C'est probablement un de ceux rapportés de Jérusalem par St. David mais quoiqu'il en soit c'est en pierre locale. Deux tombes sont construites dans le mur est; l'une d'elle dépeind un séraphin à six ailes et date probablement du 10ième siècle; l'autre est la tombe de Hedd et Isaac, fils de L'évêque Abraham tué par les Danois en 1080.

Die Querschiffe

Die Nord- und Südquerschiffe enthalten gute Beispiele der Mischung von runden und spitzen Bögen, die für den Übergangsstil in St. David's kennzeichnend sind. Beide Querschiffe verloren das Blei von den Dächern in den 1640er Jahren aber sie wurden 1696 wieder überdacht. Die heutige reizvolle gerippte Decke aus Eichenholz, die die Schilde der Bischöfe und Dekan aus der Mitte des 19. Jahrhunderts trägt, wurde in der Scott Restaurierung aufgebaut. Vor Scotts Ankunft hatte Butterfield an beiden Querschiffen gearbeitet. 1844 baute er das südliche Querschiff zu einer Pfarrkirche um und setzte das grosse Nordfenster, eine Kopie desjenigen in Sleaford, Lincs, gleichzeitig in das nördliche Querschiff ein.

Das nördliche Querschiff ist dem heiligen Andrew geweiht und die moderne Kapelle des heiligen Andrews, die den Zentralbogengang im Ostende des Querschiffs besetzt, ist das Kriegerdenkmal von Pembrokeshire. In der an das Chorgestühl hinten angrenzenden Wand, ist der Schrein des heiligen Caradogs, eines Eremitheiligen, der seine letzten Jahre in der Umgebung von Haverfordwest verbrachte. Er wurde auf Veranlassung von Giraldus Cambrensis heiliggesprochen. Über diesem Schrein ist ein Denkmal des Komponisten Thomas Thomkins, der in St. David's geboren war. Es wurde errichtet 1956, zum Gedenken an die 300 Jahrfeier seines Todes im Jahre 1656.

In der Westwand des Querschiffs befinden sich ein blockierter Eingang in den Kreuzgang, zusammen mit einem Paar blockierter rundköpfiger Fenster darüber: alle stammen aus dem 12. Jahrhundert.

Das südliche Querschiff wurde von Scott restauriert, indem er den Gottesdienst davon wegzog. Heute dient das Gebäude als Kathedrale und Pfarrkirche. Scott machte den Südturmbogen auf und versah das Querschiff wieder mit Fussboden. Die Sakristeien wurden in den 1950er Jahren hierher verlegt. An der Westwand errichtete man in den 1920er Jahren eine auf Kachel gemalte Liste der Bischöfe. Sie erregte damalige negative Anmerkungen und ist in ihren früheren Kolonnen völlig unrichtig.

Im Querschiff ist auch eine vormals der Abtei von Talley gehörende Ikone, die "Elijah wird von den Raben gefüttert" zeigt. Sie stammt vielleicht aus dem 14. Jahrhundert. Darunter ist ein Tisch aus dem 18. Jahrhundert, in dessen Oberseite ein tragbarer Altarstein hineingesetzt worden ist. Man hat ihn für den Altarstein gehalten, den der heilige David aus Jerusalem heimbrachte: er ist aber aus Lokalstein. Zwei frühe Grabsteine sind in die Ostwand hineingebaut. Der eine zeigt einen sechsflügeligen Seraph und geht vielleicht auf das 10. Jahrhundert zurück. Der andere ist der Grabstein von Hedd und Isaac, den Söhnen des Bischofs Abraham, der 1080 von den Dänen getötet wurde.

Y Croesau

Mae'r croesau gogleddol a deheuol yn cynnwys enghreifftiau da o gymysgaeth o fwâu crwn a phigfaen sy'n nodweddiadol o'r dull Trawsnewidiol yn Nhyddewi. Dygwyd y plwm o'r toeon adeg y Rhyfel Cartref, ond towyd hwynt yn 1696. Yn ystod cyfnod adfer Scott y dodwyd addurn derw ar ymylon a grewyd gan grymdoeon yn croesi sy'n dal tariannau esgobion a deoniaid canol y ganrif flaenorol. Bu Butterfield hefyd yn gweithio ar y croesau cyn Scott. Gwnaeth y groesfa ddeheuol yn eglwys blwyf a gosododd ffenestr enfawr i gyfeiriad y gogledd yn y groesfa ogleddol, sy'n efelychiad o ffenestr yn Sleaford (Swydd Lincoln) o'r un cyfnod.

Cysegrwyd y groesfa ogleddol i Andreas Sant ac mae capel newydd Andreas Sant ar y dull pontiog ganolog ym mhen dwyreiniol y groesfa, yn awr yn Gofeb Rhyfel Sir Benfro. Saif beddrod Sant Caradog, sef meudwy a dreuliodd ddiwedd ei oes yn ardal Hwlffordd, yn y mur y tu cefn i seddau'r côr. Gerallt Gymro a fu'n gyfrifol am iddo gael ei gyfrif yn sant. Uwchben y feddrod hon mae cofeb i'r cyfansoddwr Tomos Tomkins a anwyd yn Nhyddewi. Codwyd y gofeb yn 1956 sef trichanmlwyddiant ei farw. Ym mur gorllewinol y groesfa, mae porth i'r clawstr a dwy ffenestr bengron o'r ddeuddegfed ganrif sydd erbyn hyn wedi eu llanw.

Adferwyd y groesfa ddeheuol gan Scott drwy symud yr eglwys blwyf oddi yno. (Ar hyn o bryd mae'r adeilad i gyd yn gweithredu fel Eglwys Gadeiriol ac eglwys blwyf.) Agorodd fwa'r twr deheuol a gosod llawr newydd yn y groesfa. Symudwyd y festrïoedd yma yn y 1950au. Ar y mur gorllewinol codwyd rhestr o'r esgobion wedi ei llunio ar deils yn y 1920au. Bu cryn farnu ar y rhestr gan ei bod yn gwbl anghywir yn y colofnau cynnar. Yn y groesfa gwelir delw o'r bedwaredd ganrif ar ddeg o bosibl yn dangos Eleias yn derbyn ymborth oddi wrth y cigfrain. Abad Talyllychau oedd perchennog hon ar un adeg. Oddi tani mae carreg allor symudol wedi ei gosod mewn bwrdd o'r ddeunawfed ganrif. Honnwyd i Ddewi Sant ddod â'r garreg o Gaersalem, ond carreg leol yw hi. Ceir dwy garreg fedd yn y mur dwyreiniol. Ar un ohonynt dangosir angel chwe asgell sy'n dyddio o'r ddegfed ganrif. Carreg fedd Hedd ac Isaac, meibion yr Esgob Abraham a laddwyd gan y Llychlynwyr yn 1080 yw'r llall.

Transepts

The north and south transepts contain good examples of the mixture of round and pointed arches which characterize the Transitional style of St. Davids. Both transepts had the lead removed from their roofs in the 1640s but were reroofed in 1696. The present attractive oak groining, bearing the shields of mid-nineteenth century bishops and deans, was erected in the Scott restoration. Prior to the advent of Scott, however, work had been done on both transepts by Butterfield. He converted the south transept to a parish church in 1844 and inserted the great north window in the north transept, a copy of the one at Sleaford (Lincs.) at the same time.

The north transept is dedicated to St. Andrew, and the modern chapel of St. Andrew which occupies the central archway in the east end of the transept is the Pembrokeshire War Memorial. In the wall backing the choir stalls is the shrine of St. Caradog, a hermit saint, who spent his last years in the Haverfordwest area; he was canonised at the instance of Giraldus Cambrensis. Above this shrine is a memorial to the composer Thomas Tomkins, who was born at St. Davids; it was set up in 1956 to mark the tercentenary of his death. In the west wall of the transept is a blocked doorway into the cloister, with a pair of blocked round-headed windows over it; all belong to the twelfth century.

The south transept was restored by Scott, by removing the parish church from here; at present the whole building has the dual function of Cathedral and parish church. He unblocked the south tower arch and re-floored the transept. The vestries were moved here in the 1950s. On the west wall a list of bishops, painted on tiles, was erected in the 1920s. It attracted adverse comment at the time, and is wholly inaccurate in its earlier columns. Also in the transept is an icon painting, once the property of the Abbey of Talley, depicting Elijah being fed by the Ravens; it dates from the fourteenth century possibly (?). Below it is an eighteenth century table into whose top a portable altar stone has been set. It has been claimed as one which St. David brought back from Jerusalem, but is, however, of local stone. Built into the east wall are two early grave stones; the one depicts a six winged seraph and dates perhaps from the tenth century; the other is the grave stone of Hedd and Isaac, sons of Bishop Abraham who was killed in 1080 by the Danes.

160 *Y Groes Ogleddol: Ffenestr Butterfield.*
North Transept: The Butterfield Window.
Transept nord: La Fenêtre Butterfield.
Nördliches Querschiff. Das Fenster von Butterfield.

161 *Capel Sant Andreas.*
St. Andrew's Chapel.
Chapelle St. André.
Die Kapelle des heiligen Andrews.

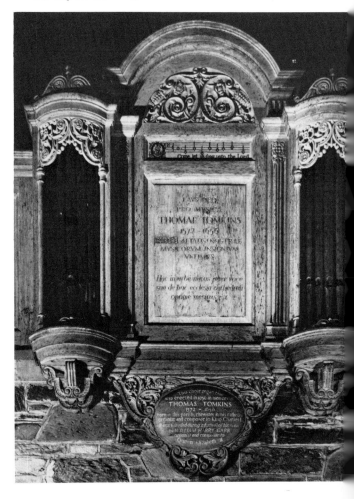

162 *Cofeb Tomos Tomkins.*
The Tomkins' Memorial.
Monument de Thomas Tomkins.
Das Denkmal des Thomas Tomkins.

164 Rhestr Esgobion yn y Groes Ddeheuol.
List of Bishops in South Transept.
Listes des évêques dans le transept sud.
Liste der Bischöfe im südlichen Querschiff.

163 Eicon yn y Groes Ddeheuol.
Ikon in South Transept.
Icone du transept sud.
Ikone im südlichen Querschiff.

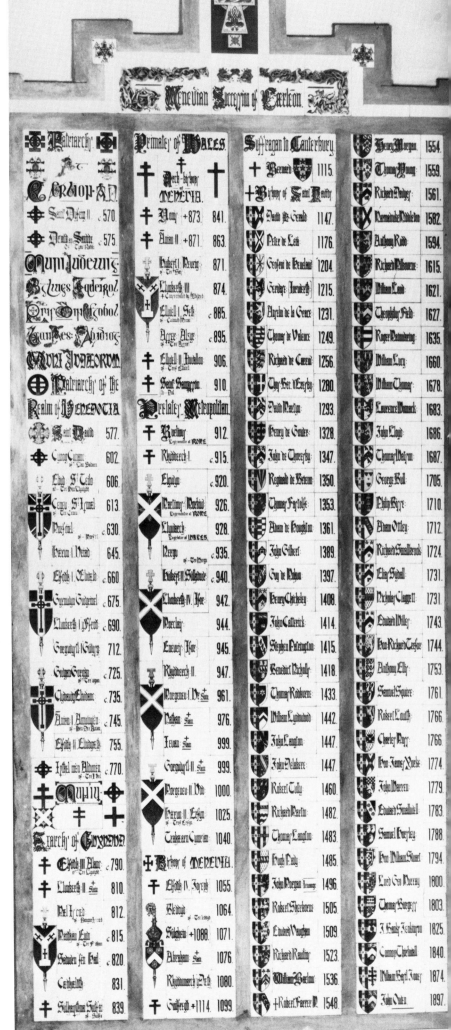

165 *Carreg fedd Meibion yr Esgob Abraham.*
Gravestone of sons of Bishop Abraham.
Pierre tombale des fils de l'Evêque Abraham.
Grabstein der Söhne von Bischof Abraham.

166 *Carreg fedd o'r Ddegfed Ganrif (?).*
Tenth Century (?) gravestone.
Pierre tombale du 10ième siecle (?).
Grabstein des 10 Jahrhunderts (?).

167 Capel St. Tomos Becket.
St. Thomas à Becket's Chapel.
Chapelle St. Thomas à Becket.
Die Kapelle des Heiligen Thomas Becket.

Capel Sant Thomas

Yn agor o fur dwyreiniol y Groesfa Ogleddol mae Capel Thomas à Becket sef rhan is adeilad tri llawr. Mae'n dod o'r bedwaredd ganrif ar ddeg fel y mae ac yn cynnwys nenfwd bwaog cywrain wedi ei addurno â boglynnau anghyffredin. Yn y mur deheuol mae cawg carreg (piscina), enghraifft o'r dull Seisnig Cynnar sy'n awgrymu fod capel i Sant Thomas wedi ei adeiladu yma tua'r un adeg ag y symudwyd ei weddillion i'r 'Corona' yng Nghaergaint. Hwyrach mai'r rheswm dros arluniad hynod gogleddol yr adeilad yw iddo gael ei godi ar sail capel arall — hen gapel Andreas Sant, efallai, a grybwyllwyd gan Gerallt Gymro.

Uwchben capel Sant Thomas ceid y Cabidyldy a Thrysordy'r Gadeirlan. Wedi bod yn Ysgol Ramadeg y Gadeirlan yn ystod y ddwy ganrif flaenorol adferwyd y rhan yma a'i throi'n llyfrgell gan A. D. Caroe yn y 1950au. Mae'n cynnwys llyfrau ar nifer o destunau ond seiliwyd y casgliad ar rodd i'r Gadeirlan gan y Deon Allen a fu Ddeon o 1878 hyd 1897. Mae'n cynnwys creiriau eglwysig o'r canol oesoedd gan gynnwys cwpanau cymun, ffyn esgob ac eitemau esgobol eraill y daethpwyd o hyd iddynt yn ystod gwaith adfer y ganrif ddiwethaf. Ceir yno hefyd sedd ffenestr, lle tân a simne a phâr o fachau yn y dull Seisnig Cynnar i ddal lampau, i gyd o'r bedwaredd ganrif ar ddeg.

Chapelle St. Thomas

S'ouvrant au mur est du transept nord se trouve la chapelle St. Thomas à Becket, la plus basse étape d'une construction de 3 étages. Elle date du 14ième siècle et possède un plafond finement voûté, orné de remarquables bossages. Au mur sud se trouve la piscine, du début du style anglais, suggérant qu'ici une chapelle fut construite pour St. Thomas à peu près au même temps que ses reliques étaient transportées dans le larmier de Canterbury. L'alignement particulier vers le nord de cette construction est probablement dû à sa construction à l'emplacement d'une autre chapelle, peut-être la vieille église de St. André mentionnée par Giraldus Cambrensis.

Au-dessus de la chapelle St. Thomas se trouvaient le chapitre et la trésorerie de la cathédrale. Après avoir été l'école secondaire de la cathédrale au 18ième siècle, cette partie fut restaurée et adaptée pour une bibliothèque par A. D. Caroe dans les années 1950. Elle contient un large nombre de livres, la plupart appartenaient au doyen Allen (doyen de 1878-97) De-même elle contient des calices, cannes appartenant aux évêques et autres reliques épiscopales du Moyen-Age, recouvrées durant la restauration du dernier siécle. De-même elle possède une fenêtre avec un siège et une cheminée du 14ième siècle, complétée avec une paire de lampes du début de la période anglaise.

St. Thomas' Chapel

Opening from the east wall of the North Transept is the Chapel of St. Thomas à Becket, the lower stage of a three storey structure. It dates from the fourteenth century as it stands and possesses a fine vaulted ceiling adorned with remarkable bosses. In the south wall, however, there is an Early English piscina, suggesting that a chapel to St. Thomas was built here at about the same time as his relics were translated to the Corona at Canterbury. The peculiar northward alignment to the building may be because it is built on the site of an earlier chapel, perhaps the old church of St. Andrew mentioned by Giraldus Cambrensis.

Above St. Thomas' chapel were the Chapter House and Treasury of the Cathedral. After being the Cathedral Grammar School in the eighteenth century and the nineteenth century, this upper portion was restored and refitted as a Library by A. D. Caroe in the 1950s. It contains a wide range of books, the nucleus of which is the library bequeathed to the Cathedral by Dean Allen (Dean 1878-97). It also contains chalices, croziers and other episcopal relics from the middle ages, recovered during restoration work in the last century. It also possesses a fourteenth century window seat and fireplace, complete with chimney, and a pair of early English lamp brackets.

Die Kapelle des Heiligen Thomas

Aus der Ostwand des Nordquerschiffs hinausgehend ist die Kapelle des heiligen Thomas à Becket, die untere Stufe eines dreistöckigen Gebäudes. Sie stammt, wie sie steht, aus dem 14. Jahrhundert und enthält eine feine, mit bemerkenswerten Bossen verzierte Gewölbedecke. In der Südwand ist jedoch ein frühenglisches Abspülbecken, was darauf hindeutet, dass eine Kapelle des heiligen Thomas zur selben Zeit hier gebaut wurde, als seine Reliquien zur Corona in Canterbury versetzt wurden. Die seltsame nördliche Ausrichtung des Gebäudes mag daher rühren, dass es auf der Stelle einer früheren Kapelle gebaut wurde, vielleicht der von Giraldus Cambrensis erwähnten alten Kirche des heiligen Andrews.

Über der Kapelle des heiligen Thomas waren das Domkapitel und die Schatzkammer der Kathedrale. Nachdem er im 18. und 19. Jahrhundert als Kathedral Gymnasium gedient hatte, wurde dieser obere Teil in den 1950er Jahren von A. D. Caroe als Bibliotheque restauriert und ausgestattet. Sie enthalt eine grosse Auswahl an Büchern, deren Kern die von Dekan Allen (Dekan 1878-97) vermachte Bibliotheque ist. Sie enthält auch Messkelche, Bischofsstäbe und andere bischöfliche Reliquien aus dem Mittelalter, die während der Restaurierung im 19. Jahrhundert gefunden wurden.

168-173 *Cerfluniau ar Nenfwd Capel Sant Tomos.*
Carvings on ceiling of St. Thomas' Chapel.
Sculptures au plafond de la Chapelle St. Thomas.
Bildhauerarbeit an der Decke der Kapelle des heiligen Thomas.

170

171

172

173

174 'Piscina' yng Nghapel Sant Tomos.
Piscina in St. Thomas' Chapel.
Piscine dans la Chapelle St. Thomas.
Abspülbecken in der Kapelle des Heiligen Thomas.

153

175 *Ochr allanol Capel Sant Tomos; y Llyfrgell uwchben.*
Exterior of St. Thomas' Chapel with Library above.
Extérieur de la Chapelle St. Thomas avec la bibliothèque au-dessus.
Das Äussere der Kapelle des Heiligen Thomas mit Bibliotheque darüber.

154

176 *Y Llyfrgell: seddau cerfiedig yn y ffenestr.*
The Library: carved window seats.
La Bibliothèque: banquettes sculptées.
Die Bibliotheque: steinerne Fenstersitze.

177 *Y lle tân yn y Llyfrgell.   Cheminée de la bibliothèque.*
Fireplace in Library.   Kamin in der Bibliotheque.

178 *Bathodyn y Cabidwl yn cynnwys y Nod Brenhinol.*
Chapter Badge with Royal Cipher.
Symbole du Chapitre avec le code royal.
Kapiteldienstmarke mit königlichem Wappenschild.

179-183 *Meini cerfiedig o'r cyfnod cyn-Norman.*
Pre-Norman carved stones.
Pierres sculptées d'avant l'époque romane.
Vor-normannische gehaute Steine.

180

181

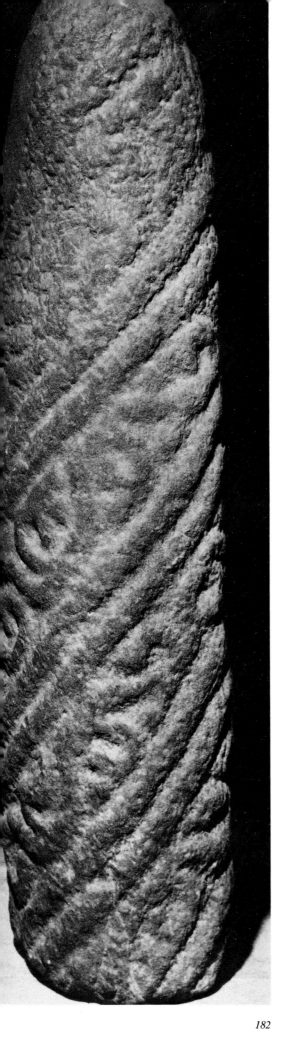

182

183

157

184 Cloch o'r Canol Oesoedd yn awr yng Nghorff y
    Gadeirlan.
    Mediaeval Bell now in Nave.
    Cloche médiévale maintenant dans la nef.
    *Mittelalterliche Glocke, die sich jetzt im
    Hauptschiff befindet.*

185 Y Clychau presennol (1931).
    The modern Ring of Bells (1931).
    Ensemble moderne des cloches (1931).
    Das moderne Glockenspiel (1931).

Y Clawstr

I'r gogledd o gorff yr Eglwys Gadeiriol ceir olion y Clawstr sy'n cysylltu Coleg y Santes Fair â'r Eglwys Gadeiriol. Anorffenedig yw'r gwaith ar yr ochr ddeheuol, efallai i beidio ag ymyrryd â ffenestri'r eil ogleddol, ond yn fwy tebygol am fod y bwtresi eisoes wedi eu hadeiladu. Uwchben yr ochr orllewinol ar wastad y llawr cyntaf, yr oedd llyfrgell ganoloesol y Gadeirlan.

I'r gogledd o'r Gadeirlan, yn 1365, sefydlodd yr Esgob Adam Houghton goleg i Athro a saith Cymrawd i wasanaethu'r Eglwys Gadeiriol ac i wella safonau gwasanaethau'r Eglwys Gadeiriol. Fe'i terfynwyd yn y 1540au ond fe barodd y capel yn weddol gyflawn er iddo, yn ôl traddodiad, golli olinwaith y ffenestri pan oedd Nash yn adfer y Gadeirlan yn 1966 gan A. D. R. Caroe.

The Cloisters

To the north of the Cathedral nave lie the remains of the Cloisters or covered walkway connecting St. Mary's College and the Cathedral. It seems not to have been completed on the South side, possibly so as not to interfere with the windows of the north aisle, more probably because the buttresses had already been built. Above the western side, at first floor level, was the mediaeval Cathedral Library.

To the north of the Cathedral, in 1365, Bishop Adam Houghton founded a college for a Master and seven Fellows to serve the Cathedral and to improve the standard of the Cathedral services. It was dissolved in the 1540s, but the chapel, though according to tradition losing its window tracery to Nash's restoration of the west Front, survived relatively intact, though roofless, to be restored in 1966 as the Cathedral Hall by A. D. R. Caroe.

Les Cloîtres

Au Nord de la nef de la cathédrale se trouvent les restes des cloîtres ou passage couvert connectant le collège St. Marie et la Cathédrale. Ils apparaissent de ne pas avoir été complétés du côté sud, possiblement pour ne pas interférer avec les fenêtres du nord de l'allée et probablement parce que les arcs-boutant étaient déjà construits. Au-dessus du côté ouest, au 1er étage se trouvait la bibliothèque médiévale de la cathédrale.

Au nord de la cathédrale, en 1365, l'évêque Adam Houghton fonda un collège pour un Maître et sept Compagnons, leur but était de servir et d'améliorer le standard des services de cathédrale. Ceci fut dissoud dans les années 1540, mais la chapelle (bien qu'accordant à la tradition elle perdu sa fenêtre, traces de la restauration de Nash à l'ouest), surviva relativement intacte, bien que sans toit et fut restaurée en 1966, ainsi que la grande salle de la cathédrale par A. D. R. Caroe.

Die Kreuzgänge

Auf der Nordseite des Hauptschiffs liegen die Überreste der Kreuzgänge oder des gedeckten Gangs, die das St. Marienkollegium mit der Kathedrale verband. Er scheint auf der Südseite unvollendet gewesen zu sein, vielleicht, damit er die Fenster im nördlichen Seitenschiff nicht störe. Wahrscheinlicher aber, weil die Strebepfeiler schon gebaut worden waren. Über der Westseite im ersten Stock befand sich die mittelalterliche Kathedralbibliotheque.

Zum Norden der Kathedrale gründete Bischof Adam Houghton 1365 ein Kollegium für einen Meister und sieben Mitglieder, die die Kathedrale bedienten und den Standard der Gottesdienste erhöhen sollten. Es wurde in den 1540er Jahren aufgelöst aber die Kapelle blieb, obwohl ohne Dach, erhalten, obgleich sie, der Tradition nach, ihr Fenstermasswerk zur Nashes Restaurierung der Westfront verlor, und wurde 1966 von A. D. R. Caroe als Kathedralsaal restauriert.

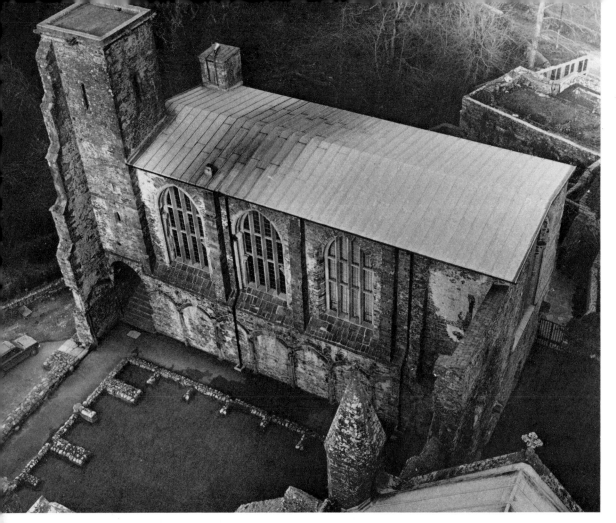

186 Neuadd y Santes Fair a'r Clawstr.
St. Mary's Hall and Cloister.
Salle St. Marie et Cloître.
Mariensaal und Kreuzgang.

187 Gweddillion y Clawstr.
Remains of the Cloister.
Ruines du Cloître.
Kreuzgangruinen.

188 *Yr Afon Alun ac adfeilion Capel Coleg y Santes Fair (c.1811 Charles Norris)*
The River Alun and ruins of St. Mary's College Chapel (c. 1811 Charles Norris)
La rivière Alun et les ruines de la Chapelle du Collège St. Marie (1811 env. Charles Norris)
Der Alun Fluss und die Ruinen der Kapelle des Marienkollegiums (zirka 1811, Charles Norris)

LLYFRYDDIAETH/BIBLIOGRAPHY

Bevan W.L.	St. Davids. *S.P.C.K. Diocesan Histories.* (London 1888)
Crossley F. H. & Ridgeway M.	'Screens, Lofts and Stalls situated in Wales and Monmouthshire : part eight, Pembrokeshire.' in *Arch. Camb.,* CV1 (1957), 9-48.
Cowley F.G.	'A note on the discovery of St. David's body' in B.B.C.S. XIX 1960 47-48.
Evans H.	*'Tŵr y Felin' History and Guide to St. Davids.* 2nd ed. 1923)
Evans D.S.(ed.)	*Buchedd Dewi* (Cardiff 1965.)
Harris S.M.	*Saint David in the Liturgy.* (Cardiff 1940.)
James J.W.(ed.)	*Rhigyfarch's Life of St. David.* (Cardiff 1967)
Jones G. Hartwell	'Celtic Britain and the Pilgrim Movement' in *Y Cymmrodor* XXIII (1912) 1-581.
Jones W.B. & Freeman E.A.	*The History and Antiquities of St. Davids.* (London and Tenby, 1856)
Jones T. (ed.)	*Brut y Tywysogion (Peniarth 20 version)* (Cardiff 1952)
	Brut y Tywysogion (Red Book of Hergest version) (Cardiff 1955)
King R.J.	*Handbook to the Cathedrals of Wales* (2nd. ed. 1887)
Lovegrove E.W.	'St. David's Cathedral' in *Arch Camb.* LXXVII (1922) 360-382.
ibid.	St. Davids Cathedral — A Pictorial Guide (W. Morris Mendus 1951)
Marriott H.	St. Davids Cathedral, *Pitkin Pride of Britain Series* (1973).
Robson P.A.	St. Davids, in Bell's *Cathedral Series* (London 1901).
Wade Evans A.W.	*The Life of St. David* (London 1923).
Willis, Browne	*A Survey of the Cathedral Church of St. Davids.....* (London 1717).
Williams G.	The Protestant Experiment in the Diocese of St. Davids, 1534-55, in *Welsh Reformation Essays* (Cardiff 1967).
Yardley E.	*Menevia Sacra* (Francis Green ed.) (London 1927).

ILLUSTRATIONS

All the photographs in this book have been taken by Roger Worsley except where otherwise indicated and have been commissioned by Yr Oriel Fach Press with whom copyright is vested, with the following exceptions:

Copyright Roger Worsley—Private Collection.
Nos. 3, 23, 53, 56, 90-110
Copyright Pembrokeshire Museums.
Nos. 21, 22, 38, 136, 139 and endpiece
by Charles Smith Allen are also from Roger Worsley's Private Collection.
Frontispiece: Christopher Taylor.
Nos. 14, 15, 18, 19, 20, 26.
Permission to reproduce these was kindly granted by the National Library of Wales.
No. 6. Crown Copyright, Ministry of Defence, Navy Department.
No. 47. Crown Copyright—Reproduced by permission of the Controller of Her Majesty's Stationery Office and the Royal Commission on Ancient and Historical Monuments in Wales.
Nos. 2, 27, 86, 141, 148, 188.
No. 17. Mr. Wyn Jones.
End papers John Speed pinxit 1610. Roger Worsley photographit. Pembrokeshire Museums Collection.

The plan was drawn by Gerrallt D. Nash.

The photographs for this book were taken mainly on a 5x4 MPP supplemented by a Pentacon 6 Rolleiflex and Mamiya 6x9 Press. The film was Tri X and Ektachrome 64.

SAINT